Inhalt

6 Vorwort

9 1. Dyskalkulie – Erklärungsansätze und Problemfeld

10 Wie entwickelt sich das mathematische Denken beim Kind?
18 Was ist unter dem Begriff Rechenschwäche zu verstehen?
23 Welche Ursachen können zu einer Rechenschwäche führen?

29 2. Merkmale von Rechenschwächen

30 Typische Fehler
45 Die Auswirkungen von Rechenschwäche in den naturwissenschaftlichen Fächern

53 3. Besondere Lernvoraussetzungen

54 Störungen der Wahrnehmung
62 Persönlichkeit und Verhalten

65 4. Schulische Förderung

66 Offizielle Rahmenvorgaben
68 Geeignete Materialien
72 Das Mathematikbuch
77 Das Klassenscreening

83 5. Außerschulische Förderung

84 Individuelle außerschulische Förderung
89 Rechtliche Bestimmungen

93 6. Elterngespräche als Beitrag zur positiven Unterstützung des Kindes

94 Grundsätzliche Einflussgrößen der Kommunikation
97 Klären Sie für sich, was Sie in dem Gespräch erreichen wollen
100 Tipps für Eltern

103 7. Anhang

104 Ministerielle Vorgaben
113 Literatur-, Link-, Spieletipps und Adressen

Vorwort

Liebe Leserin, lieber Leser,*

das vorliegende Buch wurde geschrieben, um einen aktuellen Überblick über den **Diskussionsstand zum Thema „Dyskalkulie"** und seine unterschiedlichen Aspekte zu geben. Es soll für die Probleme rechenschwacher Kinder im Schulalltag sensibilisieren und – über das Schulgeschehen hinaus – Hilfestellung für notwendige Unterstützungen geben. Der Fokus liegt auf **schulrelevanten Themen** und nicht auf einer Stellungnahme zu methodischdidaktischen Therapiemöglichkeiten. Im Folgenden werden die Begriffe Dyskalkulie und Rechenschwäche synonym benutzt. Dies begründet sich darin, dass viele Aspekte des Umgangs mit rechenschwachen Kindern nicht nur für Schüler förderlich sind, die die offizielle Diagnose Dyskalkulie haben, sondern auch für alle anderen, die Probleme im Erlernen von Mathematik zeigen.

Viele **Erwachsene** sagen von sich: „In Mathe war ich selbst nie gut ... Mathe habe ich auch nie verstanden." Daraus leiten sie ihr **Verständnis** für Kinder ab, wenn diese Schwierigkeiten beim Rechnen zeigen. Mit Sätzen wie „Du musst dir keine Sorgen machen. Das wird schon noch ... Aus mir ist auch was geworden.", versuchen sie die Kinder zu trösten. Dabei denken sie in der Regel an ihre eigenen Probleme in den höheren Klassen der weiterführenden Schulen.

Diese Erfahrungen sind jedoch nicht identisch mit denen **rechenschwacher Kinder.** Die Häufigkeit, mit der Rechenschwäche auftritt, liegt lediglich bei 4–6 % der Schulkinder, wobei Mädchen häufiger betroffen sind. Bei den Schwierigkeiten der Kinder, von denen im vorliegenden Buch die Rede ist, handelt es sich nicht um Verständnisprobleme in den weiterführenden mathematischen Themenbereichen oder ausschließlich um Folgen schlechter Mathe-

---

* Aus Gründen der besseren Lesbarkeit haben wir in diesem Buch durchgehend die männliche Form verwendet. Natürlich sind damit auch immer Frauen und Mädchen gemeint, also Lehrerinnen, Schülerinnen etc.

Nicola Raschendorfer • Sabine Zajicek

Dyskalkulie

Wo ist das Problem?

*Hilfen für den
Unterrichtsalltag*

Nach der neuesten Fassung
der Rechtschreibregeln –
gültig ab August 2006!

Verlag an der Ruhr

Impressum

Titel: Dyskalkulie – Wo ist das Problem?
Hilfen für den Unterrichtsalltag
Autorinnen: Nicola Raschendorfer, Sabine Zajicek
Illustrationen: Bernhard Skopnik
Druck: Druckerei Uwe Nolte, Iserlohn
Verlag: Verlag an der Ruhr
Alexanderstraße 54 – 45472 Mülheim an der Ruhr
Postfach 10 22 51 – 45422 Mülheim an der Ruhr
Tel.: 0208/439 54 50 – Fax: 0208/439 54 39
E-Mail: info@verlagruhr.de – **www.verlagruhr.de**

© **Verlag an der Ruhr 2006**
ISBN 10: 3-8346-0061-X (bis 12/2006)
ISBN 13: 978-3-8346-0061-5 (ab 2007)

geeignet für alle Schulstufen

Die Schreibweise der Texte folgt der neuesten Fassung
der Rechtschreibregeln – gültig ab August 2006.

Gedruckt auf chlorfrei gebleichtes Papier.

matikdidaktik. Die **Probleme** rechenschwacher Kinder zeigen sich vielmehr in den **Grundrechenarten** und sind – oder besser: wären – in den ersten Grundschuljahren bereits erkennbar. Das **beschwichtigende Kleinreden** von Problemen beim Erlernen der Grundrechenarten, verhindert eine gezielte Diagnostik jedoch bereits im Ansatz.

Es gibt noch einen weiteren, gewissermaßen entgegengesetzten, aber ebenso **fatalen Reaktionsmechanismus** der Umwelt: Erzielt ein Kind über längere Zeiträume hinweg keine beobachtbaren Fortschritte, verhält sich aber gleichzeitig sozial angepasst oder zumindest nicht störend, wird es von Jahr zu Jahr **mitgeschleppt**, ohne dass dem grundlegenden Problem der Rechenschwäche weiter nachgegangen und geeignete Fördermaßnahmen eingeleitet werden. Obwohl sich Signale für besondere Probleme beim mathematischen Denken in der Regel bereits in den ersten Schuljahren zeigen und die Rechenschwäche spätestens ab der dritten Klasse zu erkennen ist, kann es vorkommen, dass sich die Probleme erst in der weiterführenden Schule in ihrer vollen Breite auswirken. **Ein Versäumnis – mit fatalen Folgen für die betroffenen Kinder!**

Didaktisch werden **immer wieder neue Konzepte** entwickelt, wie Kindern das Rechnen zu vermitteln sei. Daraus abgeleitete Methoden und passendes Material werden vorgestellt und häufig mit großem Exklusivitätsanspruch vertreten. Sie sind Produkte des Versuches, für alle Kinder gültige Theorien der Entwicklung mathematischen Denkens festzulegen.

Wir verfolgen die neuen Entwicklungen aus der Praxis heraus mit großem Interesse, gleichzeitig jedoch auch mit einer gewissen Distanz. Diese erwächst aus unserer Überzeugung, dass es **nicht einen einzigen Zugang zum Rechnen** geben kann, der für alle Kinder in gleicher Weise geeignet ist. Vielmehr muss, um dauerhaft möglichst viele Kinder zum Erfolg zu führen, der **Individualität der Lernwege** Rechnung getragen werden.

Auf dieser Überzeugung beruhen die weiterführenden Überlegungen und Darstellungen des vorliegenden Buches. Wir beschreiben darin zwar verschiedene Theorien und Erklärungsmodelle bezüglich des Erlernens mathematischer Kompetenzen, uns liegt jedoch weniger daran, sie in ihrer gesamten Breite darzulegen. Vielmehr ist es uns wichtig, sie unter dem Aspekt ihrer Brauchbarkeit für einen **ganzheitlichen Ansatz in der Praxis** einzuschätzen.

Um Ihnen hilfreiche Anregungen für diese Praxis zu geben, haben wir Ihnen an passenden Stellen im Text „Tipps & Ratschläge" zusammengestellt. Diese sind durch nebenstehendes Symbol gekennzeichnet.

Daneben finden Sie auch besondere Infokästen, mit denen interessante, weiterführende oder ergänzende Informationen herausgestellt werden. Diese sind durch eine großes „i" hervorgehoben.

Nicola Raschendorfer
Sabine Zajicek

⇥ Über die Autorinnen

Nicola Raschendorfer ist studierte Diplom-Sozialpädagogin und Lerntherapeutin. Nähere Informationen zu ihrer Arbeit finden Sie unter: www.nicola-raschendorfer.de

Sabine Zajicek ist studierte Diplom-Pädagogin mit Zusatzausbildung in Gestalttherapie, Familientherapie und Sozialmanagement. Sie ist seit 1988 in der Dyskalkulietherapie tätig. Nähere Informationen zu ihrer Arbeit finden Sie unter: www.sabinezajicek.de

Dyskalkulie
Erklärungsansätze und Problemfeld

Mathematik ist die Wissenschaft, bei der man weder weiß, wovon man spricht, noch ob das, was man sagt, wahr ist.

— Bertrand Russell (1872–1970), englischer Philosoph und Mathematiker

Wie entwickelt sich das mathematische Denken beim Kind?

Bevor wir uns den Stolperstellen in der Entwicklung des mathematischen Denkens zuwenden, soll zunächst dessen allgemeine Entwicklung nachgezeichnet werden. Erst vor diesem Hintergrund können abweichende bzw. verlangsamte Entwicklungen bei einem einzelnen Kind gesehen werden.

Untersuchungen zeigen, dass sich die Entwicklung des mathematischen Denkens in **verschiedene Phasen** einteilen lässt. Jede Phase ist geprägt von einer neu gewonnenen Einsicht des Kindes, die es in der vorangegangenen Phase noch nicht nachvollziehen konnte. In der Literatur werden diese Phasen unterschiedlich bezeichnet. Tatsächlich ist die Darstellung komplexer Lernprozesse in Form von Phasenmodellen immer mit **Vereinfachungen** verbunden: In der kindlichen Entwicklung im Allgemeinen und beim Rechnen lernen im Besonderen sind die einzelnen Phasen nicht eindeutig voneinander abzugrenzen.

Lernen und die Fähigkeit, auf Gelerntes zurückgreifen zu können, ist immer auch von den **kontextuellen Bedingungen der Situation** abhängig. Mathematische Einsichten, die ein Kind im Unterricht nachvollziehen kann, stehen ihm unter Umständen unter Stress, z.B. in einer Klassenarbeit, nicht mehr zur Verfügung. Um sich ein erstes Bild von den Lernschritten zu machen, die Kinder auf dem Weg zum mathematischen Denken gehen, sind jedoch vereinfachende Modelle sinnvoll. Sie stellen dem Betrachter eine Sprache zur Verfügung, mit der er beobachtbare Phänomene klassifizieren und schließlich auch Abweichungen von der Modellvorstellung beschreiben kann.

Seit Anfang des 20. Jahrhunderts wurden **diverse Forschungs-vorhaben** zu den Themen abstraktes Denken und Rechenentwicklung durchgeführt. Aber auch zu den neurologischen Grundlagen des Rechnens beim Menschen wurde differenziert geforscht. Stanislas Dehaene stellt diese Ergebnisse in seinem Buch „Der Zahlensinn. Oder warum wir rechnen können" zusammen und kommt zu dem Schluss, dass es kein isoliertes Rechenzentrum im Gehirn gibt. Vielmehr sind beim Rechnen immer **mehrere Hirnregionen** beteiligt.

⇒ Das lineare Modell der Rechenentwicklung

Neben der Theorie der Rechenentwicklung, die an ein neurologisches Entwicklungsverständnis gebunden ist, wird häufig auf das Modell des sich linear entwickelnden Zahlenverständnisses Bezug genommen.[1]

1. Das **nominale System** ist das erste Ordnungssystem, das Kinder nach diesem Modell entwickeln, und entspricht einem **dualen Vorstellungsvermögen**. Es umfasst etwa Unterscheidungen von mehr/weniger, links/rechts, vorne/hinten oder ja/nein. Mit diesem System gelingt es beispielsweise Kindern im Alter ab ca. zwölf Monaten unterschiedlich große Ringe auf einem Stab der Größe nach zu stapeln. Hierbei wird die Entscheidung größer/kleiner mehrmals hintereinander getroffen.

2. Das **ordinale System** baut auf dem nominalen System auf. Die neu hinzugewonnene Kompetenz der Kinder liegt hier beim **zählenden Erfassen von Reihenfolgen**. Die Kinder können also beispielsweise den zweiten

[1] vgl. u.a. Schlotmann, Angelika, Warum Kinder an Mathe scheitern, Supperverlag, 2004

Platz vor dem sechsten Platz einordnen. Sieger und Verlierer können so identifiziert werden. Bereits auf diesem Niveau werden beim Umgang mit Zahlen die Finger verwendet. Jedem Finger ist dabei eine Zahl fest zugeordnet. Die Finger haben sozusagen Namen: Der Daumen heißt Eins, der Zeigefinger Zwei, der Mittelfinger Drei und so weiter. Rechnen ist mit diesem System noch nicht möglich. Schließlich macht es keinen Sinn den zweiten Platz etwa durch Addition mit dem sechsten Platz verrechnen. Das ordinale System stellt also in erster Linie ein Instrument zum Zählen und zur Aufstellung von Reihenfolgen dar.

3. Ein wesentlicher Schritt in Richtung gelingender Rechenentwicklung ist der Übergang in das **kardinale System**. Erstmals geraten **Mengen** in den Blick der Kinder. Zu den fünf Fingern der Hand gehören nun alle Finger und nicht nur der fünfte, kleine Finger. Von diesen fünf Fingern können nun z.B. zwei – und zwar beliebige – Finger weggebeugt (subtrahiert) werden. Dem Kind ist klar, dass das Ergebnis dieser einfachen Rechenoperation drei ist. Erst durch dieses Erkennen von Mengengrößen ist Rechnen im eigentlichen Sinne möglich.

4. In einem nächsten Schritt bildet sich nach dieser Modellvorstellung das relationale Zahlensystem heraus. Dabei gewinnen die Kinder die differenzierte Vorstellung eines Zahlenstrahls, bei dem beispielsweise die Zwei von der Vier genauso weit entfernt ist wie die 117 von der 119. Verschiedene Intervalle – etwa Zehner- oder 100er-Schritte zeichnen sich immer durch die gleiche Länge aus. Durch dieses System können Mengen in ein Verhältnis zueinander gesetzt werden. Diese Kompetenz ist z.B. beim Bewältigen von Aufgaben aus dem Bereich der Prozentrechnung notwendig. Ohne eine Vorstellung davon, was es bedeutet, dass eine Menge halb so groß ist, kann auch zu dem Begriff „50 %" kein Bild entwickelt werden. Hier wird bereits deutlich, dass das Nachvollziehen des relationalen Zahlensystems auch für die Beherrschung der Grundrechenarten notwendig ist. Den Kindern muss vollkommen klar sein, dass beim Verdoppeln beide Mengen tatsächlich gleich groß sind.

◗ Kritik am linearen System

Das beschriebene Modell der Rechenentwicklung folgt einer linearen Vorstellung, bei der immer eine Stufe nach der nächsten erreicht wird. Es ist anzunehmen, dass solche Modelle aufgrund ihrer leicht nachzuvollziehenden Struktur sehr beliebt sind. Sie wurden auch für andere Bereiche der Lernpsychologie – etwa für den Schriftspracherwerb – entwickelt. Gerade hier gelten sie jedoch schon wieder als zu relativieren, weil die tatsächlich gezeigten Leistungen der Kinder wesentlich komplexer sind, als sie nach linearen Denkvorstellungen dargestellt werden. Selten sind sie eindeutig einer Stufe zuzuordnen. Vielmehr präsentieren sie stets gleichzeitig Phänomene verschiedener Entwicklungsstufen.

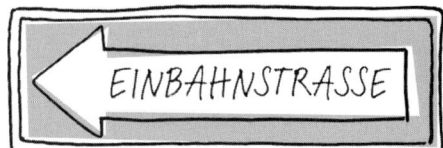

◗ Komplexes System der Rechenentwicklung

Unserer Erfahrung nach erscheint auch bei der Rechenentwicklung die lineare Vorstellung nicht durchgängig schlüssig. Von einem gleichmäßigen Fortschreiten auf einer Stufenleiter der Entwicklung kann nicht die Rede sein. Kinder machen Entwicklungssprünge und gleichen weniger entwickelte Fähigkeiten durch extrem gute Leistungen in anderen Bereichen aus.

Dies gilt für alle Entwicklungsbereiche. So lernt das eine Kind früher laufen, das andere kann jedoch früher sprechen und so andere auffordern, ihm seine Spielsachen zu bringen. Damit gleicht es seine „Lauffaulheit" aus.

Auch der Zeitpunkt, an dem Kinder aufhören, **mit den Fingern zu rechnen**, ist unterschiedlich. Sie müssen sich nicht sorgen, denn alle Kinder hören auf, ihre Finger zu benutzen, wenn sie die Aufgaben auch rein kognitiv lösen können. Es macht hingegen keinen Sinn, die Kinder daran hindern zu wollen, ihre Finger zu benutzen, oder es gar zu verbieten. Die Kinder gelangen durch solche Maßnahmen nicht auf den nötigen nächsten Abstraktionsgrad, sondern entwickeln lediglich die Fähigkeit, das Fingerrechnen vor Ihnen zu verbergen.

Entgegen der populären pädagogischen Alltagstheorie, dass Kinder die nicht gekrabbelt sind, schlechte Rechner werden, zeigen die Untersuchungen von Krajewski[2], dass auch Kinder die gar nicht gekrabbelt sind, gute Rechner werden können. Die Bedeutung des Krabbelns für die Entwicklung von Kleinkindern soll damit nicht prinzipiell in Abrede gestellt werden. Es gilt jedoch zu berücksichtigen, dass das Aufstellen linearer, monokausaler Wirkzusammenhänge bei Lernprozessen kaum der Komplexität des Gegenstandes gerecht wird. Im Zusammenhang mit den Ursachen von Rechenschwäche (S. 23) werden wir uns näher mit diesem Aspekt beschäftigen.

Eckpunkte der Rechenentwicklung bei Kindern

Die Entwicklung des mathematischen Denkens ist nicht eindeutig linear. Sie geht mit der komplexen Entwicklung des allgemeinen **abstrakten Denkens** einher. Die Kinder lernen Gleichheit zu erkennen und die Welt zu ordnen. Sie bilden „Schablonen" für die Wiedererkennung und können genaue und ungefähre Aussagen treffen.

Wenn wir im Folgenden einige Eckpunkte der Rechenentwicklung bei Kindern darstellen, soll dies nicht als Anleitung verstanden werden, lineare Schlüsse in Bezug auf die Vorhersage weiterer Fortschritte eines speziellen Kindes zu ziehen. Für die Förderpraxis sind solche Anhaltspunkte jedoch von Bedeutung. Erst vor dem Hintergrund einer Vorstellung über die normale Entwicklung von mathematischem Verständnis werden Abweichungen und damit besonderer Förderbedarf sichtbar und dezidiert bearbeitbar.

[2] vgl. Krajewski, Kristin, *Vorhersage von Rechenschwäche in der Grundschule*, Verlag Dr. Kovač, 2003

Nach neuesten wissenschaftlichen Forschungsergebnissen besteht eine Übereinstimmung der rechnerischen Vorschulleistungen und der Schulnote am Ende der vierten Klasse von nahezu 70 %[3]. Grund genug, schon vor der Einschulung einen Blick auf die **Rechenfähigkeit von Kindern** zu werfen:

- ▶ Studien mit Kleinkindern haben z.B. gezeigt, dass **Säuglinge** bereits wenige Wochen nach der Geburt kleine Mengen unterscheiden. Mit dem Erwerb der Sprache lernen die Kinder dann, diese Mengen auch mit konkreten Zahlen zu benennen.

- ▶ Ab ca. **zwei Jahren** sind sie in der Lage, Zahlenwortreihen nachzusprechen. Sie wiederholen dabei die Zahlenfolgen als Aneinanderreihung von Wörtern wie beim Aufsagen eines Gedichtes, das heißt ohne den Mengenwert dahinter zu verstehen.

- ▶ Im Alter von **vier Jahren** sind bereits erste Rechenschritte möglich, wobei die einzelne Menge immer erst zählend erfasst werden muss, bevor die Gesamtmenge berechnet werden kann.

- ▶ Mit **sechs Jahren** gelingt es Kindern, die Zahlenfolge ab einer beliebigen Zahl fortzuführen, ohne immer bei der Eins beginnen zu müssen. In diesem Alter werden Vorgänger und Nachfolger von Zahlen erfasst.

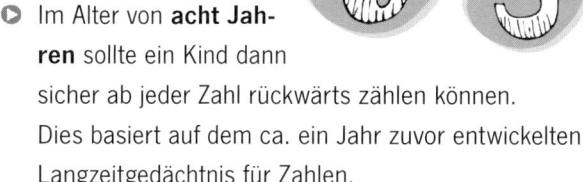

- ▶ Im Alter von **acht Jahren** sollte ein Kind dann sicher ab jeder Zahl rückwärts zählen können. Dies basiert auf dem ca. ein Jahr zuvor entwickelten Langzeitgedächtnis für Zahlen.

- ▶ Durch den **Schulbesuch** erweitert sich das Wissen um die arabische Zahlenschreibweise. Aber auch die Vorstellung vom Zahlenraum differenziert sich entscheidend aus. Dies ermöglicht Schätzen und Überschlagen.

---

[3] *vgl. Krajewski, K., 2003*

▶ Erst mit ca. **neun Jahren** wird die Effektivität von Umkehrrechnungen erkannt. Damit gelingt es Kindern, Aufgabenstellungen durch Umstellen zu vereinfachen. Beispielsweise machen sie aus $9 - 7 = x$ dann $9 - x = 7$.

⬛ Früherkennung von Rechenschwächen

Aus dieser Darstellung der Rechenentwicklung lassen sich erste Schritte für ein frühes Screening, d.h. ein Verfahren zur Früherkennung der Rechenschwäche bei Kindern ableiten:

1. Zunächst muss die altersgemäße **Mengensicherheit** des Kindes überprüft werden. Ein Kind sollte sowohl Mengen vergleichen können als auch die Reihenfolge von Mengen (Serialität) festlegen können. Praktisch bedeutet dies, dass ein Kind z.B. verstanden hat, dass sich beim Vorwärtszählen die Menge immer um Eins vergrößert und ein Zahlwort immer eine Aussage über eine Menge macht. Insbesondere sollten die Kinder erkennen, dass die Menge unabhängig vom Volumen ist (Invarianz). Ihnen muss klar sein, dass sechs Murmeln genauso viel sind wie sechs Autos oder sechs Häuser.

2. Danach sollte das **Zahlenvorwissen** der Kinder festgestellt werden. Wichtig ist hier zunächst die Kenntnis des arabischen Zahlenbildes mit der entsprechenden Zuordnung der Menge.

In Materialien für Vorschulkinder wird häufig die amerikanische Schreibweise für die Vier (4) verwendet und nicht die Schreibweise, wie sie in der Grundschule gelehrt wird (4). Erwachsenen fällt das häufig gar nicht mehr auf. Da es sich kaum verhindern lässt und ja auch nicht verhindert werden sollte, dass Kindergartenkinder erste Schreibversuche unternehmen, wäre es wünschenswert, dass ihnen von Beginn an jene 4-Schreibweise präsentiert wird, die sie auch später schreiben sollen.

$$4 = 4?$$

3. Außerdem sollte überprüft werden, ob die Kinder schon das Verständnis dafür entwickelt haben, dass Zahlen etwas anderes sind als Ziffern. **Zahlen** sind Mengen zugeordnet, während **Ziffern** auch einfach zur Ordnung und Orientierung genutzt werden können. Sie müssen nichts mit einer dahinter liegenden Menge zu tun haben, z.B. Haus-, Bus- oder Telefonnummern.

4. Darüber hinaus sollte beim Schuleintritt die **Zählfähigkeit** eines Kindes gesichert sein, wobei das Kind nicht unbedingt von zehn rückwärts zählen können muss. Vorwärts sollte es aber auch bei einer anderen Zahl als der Eins, etwa der Vier, beginnen können.

5. Die **Rechenfähigkeit** betreffend sollten Vorschulkinder wissen, dass „plus" mehr bedeutet und „minus" die Menge verringert. Selbst wenn nicht die mathematischen Fachbegriffe sondern Wörter wie „und" oder „weniger" benutzt werden, sollte dennoch das rechnerische Wissen dahinter vorhanden sein.

Sind diese grundlegenden Rechenfähigkeiten dem einen oder anderen Kind bei Schuleintritt nicht bekannt, müssen diese vor den eigentlichen Rechenprozessen nachgearbeitet werden.

Sind Sie Lehrkraft in einer Schule, in der regelmäßig mehreren Kindern einer Eingangsklasse die grundlegenden Rechenfähigkeiten fehlen? Dann sollten Sie erst weiter am Mengenbegriff arbeiten, bevor Sie mit den Kindern das Rechnen beginnen. Auch wenn das bedeutet, dass Sie zunächst auf die Arbeit mit einem Mathematikbuch verzichten. Die hier investierte Zeit wird sich später durch homogenere Leistungen in der Klasse auszahlen.

Was ist unter dem Begriff Rechenschwäche zu verstehen?

Auch wenn die Rechenschwäche in den letzten Jahren zunehmend in den Blick der pädagogischen Öffentlichkeit gerät, so ist sie doch kein neu entdecktes Phänomen.

➡ Von der Arithmasthenie zur Dyskalkulie

In der älteren Literatur wurden für die besonderen Schwierigkeiten beim Erwerb der mathematischen Fähigkeiten zwei Begriffe parallel verwendet: „Arithmasthenie" und „Dyskalkulie". Ebenso wie die Bezeichnung „Legasthenie" geriet auch die der **Arithmasthenie** (Asthenie: durch Krankheit bedingte Entkräftung, Arithmasthenie: Zahlenschwäche) zunehmend in die Kritik, weil sie ein eher medizinisches, an Krankheit orientiertes, Ursachenmodell impliziert. Sie gilt darum heute als veraltet und wird nicht mehr verwendet. Der Begriff **Dyskalkulie** ist hingegen eher beschreibend zu verstehen.

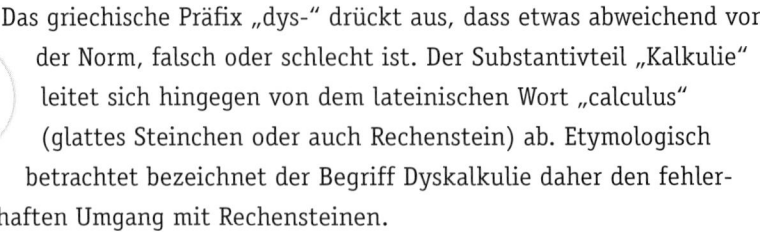

Dyskalkulie

Das griechische Präfix „dys-" drückt aus, dass etwas abweichend von der Norm, falsch oder schlecht ist. Der Substantivteil „Kalkulie" leitet sich hingegen von dem lateinischen Wort „calculus" (glattes Steinchen oder auch Rechenstein) ab. Etymologisch betrachtet bezeichnet der Begriff Dyskalkulie daher den fehlerhaften Umgang mit Rechensteinen.

In diesem Buch wird „Dyskalkulie" mit dem Begriff „Rechenschwäche" gleichgesetzt. Ein **beschreibendes Begriffsverständnis** kann auch für Sie als Lehrkraft maßgeblich sein. Sicher haben Sie aus Ihrer praktischen Erfahrung heraus bestimmte Kinder vor Augen, für deren Förderung Sie in diesem Buch Anregungen suchen. Sämtliche in diesem Buch beschriebenen Inhalte und Prinzipien sind unabhängig davon, ob bei einem Kind ganz offiziell in einem Gutachten die Diagnose Dyskalkulie gestellt wurde oder nicht.

→ Rechentests als Diagnosemittel

Gängige Formen der psychologischen Diagnose orientieren sich im Wesentlichen an den erzielten **Leistungen in Rechentests**. Für die **Diagnose** der Rechenstörung ist dabei folgende Definition der WHO maßgeblich:

F81.2 Rechenstörung

„Diese Störung besteht in einer umschriebenen Beeinträchtigung von Rechenfertigkeiten, die nicht allein durch eine allgemeine Intelligenzminderung oder eine unangemessene Beschulung erklärbar ist. Das Defizit betrifft vor allem die Beherrschung grundlegender Rechenfertigkeiten, wie Addition, Subtraktion, Multiplikation und Division [...]."

Weltgesundheitsorganisation (WHO), „Internationale Klassifikation psychischer Störungen" (ICD-10, F81.2), www.dimdi.de

Im diagnostischen Prozess wird darum immer auch ein **Intelligenztest** durchgeführt. Die Werte von Rechen- und Intelligenztest werden gegenübergestellt und auf das Diskrepanzkriterium hin überprüft.

Der hohe Stellenwert, den solche Ergebnisse einnehmen, sollte jedoch aus unserer Sicht auch kritisch betrachtet werden – insbesondere, wenn von ihnen eine Entscheidung über den Zugang zu gezielter Förderung abhängt. Wesentlich sollten vielmehr die tatsächlichen Schwierigkeiten sein, die ein Kind beim Rechnen zeigt, sowie das damit verbundene Leiden. Eine gewisse „Schwammigkeit" der Zuschreibung wird damit bewusst in Kauf genommen.

⊡ Probleme rechenschwacher Schüler im Alltag

Sabine und ihre Mutter sind auf der Suche nach einer neuen Jeans. Die beiden haben ausgehandelt, dass die Eltern eine Jeans für bis zu 50 € bezahlen werden, alles was darüber hinausgeht, muss Sabine selbst zahlen. Nun hat Sabine ihre Traumhose gefunden. Sie kostete einmal 68 € und ist nun um 15 % reduziert. Wird Sabine etwas von ihrem eigenen Taschengeld dazugeben müssen?

Eine solche Frage stellt Kinder mit einer Rechenschwäche oft vor ein unlösbares Problem. Im Allgemeinen wird unterschätzt, wie stark mathematisches Verständnis den Alltag beeinflusst:

> „Mathematik ist eine Sprache, mit der sich Gebiete beschreiben lassen, die man sonst nur wortlos bestaunen muss."
>
> Francis Bacon (1561–1626), englischer Philosoph

„Genau und ungenau" sind dabei die beiden charakteristischen Zugänge. Mathematisches Verständnis ist also nicht nur nötig, um Aufgaben exakt (genau) zu berechnen, sondern auch um ein mögliches Ergebnis schätzen zu können (ungenau). Das Schätzen spielt in der Alltagswelt eine sehr große Rolle. Es wird jedoch oft eher unbewusst vollzogen.

Am deutlichsten zeigt sich dies beim Umgang mit Geld. Allein beim Einkaufen ist sowohl das Schätzen als auch das genaue Berechnen von Geldbeträgen notwendig. In der Regel schätzt ein Käufer ab, ob er die Waren, die in seinem Korb liegen, an der Kasse auch bezahlen kann. Er vergleicht dazu den angenommenen Gesamtwert mit dem Geld, welches er in seinem Portemonnaie trägt. Dieses Abwägen geschieht dabei meistens unbewusst. Erst wenn zu vermuten ist, dass das Geld nicht reichen wird, wird genauer nachgerechnet. Um diesen, je nach Einkaufsmengen und Rechenvermögen etwas mühsamen, Prozess zu vermeiden, kann sich der erwachsene, rechenschwache Käufer auch dazu entschließen, mit der Geldkarte zu zahlen. Dennoch ist das Einkaufen eine Situation, in der Kindern der Sinn von mathematischem Können anschaulich gemacht werden kann.

> Benutzen Sie im Schulalltag möglichst häufig mathematische
> Begriffe. Sagen Sie z.B. laut, wenn sie etwas schätzen oder
> Werte zusammenrechnen. Jede Chance, die Sie dazu nutzen,
> ist eine Wiederholungsschleife für die Kinder.

Im Alltag zeigen rechenschwache Kinder außerdem Schwierigkeiten, die sich
erst bei genauerem Hinsehen aus ihrer besonderen Problematik ergeben. Nicht
selten fällt es solchen Kindern sehr schwer, Koordinatensysteme zu lesen und
zu verstehen. Dies ist jedoch notwendig, um mit Hilfe eines **Fahrplans** heraus-
zufinden, wann der nächste Bus fährt. Dieses Beispiel macht zudem deutlich,
dass Kinder mit besonderen Schwierigkeiten beim Rechnen auch in einigen
Bereichen ihrer sozialen Entwicklung – zu mehr Selbstständigkeit – gebremst
werden bzw. sind.

⮕ Rechenprobleme in der Schule

Die Rechenschwäche schlägt sich selbstverständlich in den schulischen Leistungen im Fach Mathematik nieder. Erfolge sind für die betroffenen Kinder eine
absolute Seltenheit. Sie gelingen nur in Ausnahmefällen, etwa wenn das kleine
1 x 1 abgefragt wird. Hier können Kinder durch Kompensationsstrategien, wie
dem reinen **Auswendiglernen**, zu vereinzelten Erfolgen kommen. Sie zeigen
damit aber nur, dass sie das „1 x 1-Gedicht" gut auswendig gelernt haben. Da
sie aber die Rechenoperationen, die hinter den Zahlenkombinationen stehen,
nicht begreifen, können sie ihr Wissen nicht auf andere Aufgaben übertragen.
Fällt ihnen beispielsweise nicht ein, was 6 x 7 ist, können sie das Ergebnis
nicht von 5 x 7 + 7 herleiten. Sie haben die Rechenoperation der Multiplikation
noch nicht verstanden.

In der Regel haben die Kinder **ab der dritten Klasse deutliche Rechenprobleme:**

▷ Am schwerwiegendsten und hartnäckigsten sind jene Probleme, die im Zusammenhang mit dem dekadischen Positionssystem stehen. Die Kinder haben massive Probleme, Analogien zu erkennen und selbst zu bilden. Einige bewältigen den Zehnersprung in der zweiten Klasse noch durch Zählen. Im 100er-Raum verlieren die Kinder jedoch gänzlich den Überblick.

▷ Hinzu kommen zu diesem Zeitpunkt auch **komplexere Aufgabenstellungen**, die mit einem vermehrten Wechsel von Operationssymbolen verbunden sind. Kann das Kind die Symbole noch nicht eindeutig den Rechenoperationen zuordnen, führen diese so genannten **Mischaufgaben** zu immer größerer Verwirrung.

▷ Natürlich machen viele Kinder bei Mischaufgaben Fehler, die auf die **falsche Anwendung der Rechensymbole** zurückzuführen sind. Keineswegs muss dies immer mit einer Rechenschwäche einhergehen. Es sollte jedoch unterschieden werden zwischen Fehlern, die durch Unaufmerksamkeit oder Stress entstehen und solchen, die auf einer grundlegenden Unklarheit der mathematischen Bedeutung von Rechenoperationen und der sie symbolisierenden Zeichen basieren.

▷ Selbstredend stellt für solchermaßen rechenschwache Kinder der **erweiterte Zahlenraum** in der vierten Klasse ein noch größeres Problem dar. Spätestens hier fällt dem aufmerksamen Mathematiklehrer ein rechenschwaches Kind auf. Die Beobachtung, dass ein in anderen Bereichen leistungsstarkes Kind riesige Probleme beim Finden der Nachbarzahlen im 1000er-Raum hat, macht zu Recht stutzig.

Ab der Sekundarstufe wird Rechensicherheit in den Grundrechenarten vorausgesetzt. Rechenschwache Kinder erfüllen diese Voraussetzung jedoch nur unzureichend. Außerdem steigt in der weiterführenden Schule die Erwartung an das Arbeitstempo. Auch dies ist bei mangelnder Automatisierung der Grundrechenarten für die Kinder kaum zu leisten. Die Probleme werden dadurch ab der fünften Klasse oft extrem verstärkt. Auch zeigen sich Schwierigkeiten in den naturwissenschaftlichen Fächern, sobald mathematische Rechenoperationen nachvollzogen bzw. selbstständig angewendet werden müssen (vgl. Kapitel 2, S. 45).

Welche Ursachen können zu einer Rechenschwäche führen?

Die Debatte um die Ursachen der Rechenschwäche bewegt sich wie auch bei den Phänomenen ADS und LRS zwischen den Polen **Anlage und Umwelt**. Hier gibt es periodisch immer wieder Schwerpunktverschiebungen. Wir möchten uns mit diesem Ratgeber nicht in die Debatte einmischen. Ihr Ertrag für die tatsächliche Förderung der Kinder ist unseres Erachtens relativ gering. Wir gehen davon aus, dass lineare Ursache-Wirkungs-Ketten in der Regel nicht aufgestellt werden können, sondern eine Mischung verschiedener Faktoren vorliegt.

Die folgenden Aussagen zu möglichen Ursachen sind deshalb nicht als Einladung zur Ableitung monokausaler Erklärungsmodelle zu verstehen. Sie stellen vielmehr eine Übersicht dar, welche Faktoren bei der Entwicklung einer Rechenschwäche eine Rolle spielen können. Da Sie als Lehrkraft im Bereich der schulischen Ursachen am ehesten Einfluss nehmen können, haben wir diesem Bereich besonderen Raum gegeben.

▶ Genetische Veranlagung

Obwohl in gängigen medizinisch-psychologischen Lehrbüchern nachzulesen ist, dass über die familiäre Häufung der Rechenschwäche keine gesicherten Informationen vorliegen[4], hält der auch in Deutschland populäre Legasthenieverband aus Österreich genetische Ursachen für belegt:

> „Legasthenie und Dyskalkulie sind im Menschen vorhandene genbedingte, durch Vererbung weitergegebene Veranlagungen. Durch gengesteuerte Entwicklungsprozesse im Gehirn werden die Sinneswahrnehmungen beeinflusst. Dies haben wissenschaftliche Forschungen bewiesen."
>
> Erster Österreichischer Dachverband Legasthenie,
> www.legasthenieverband.com/l-lrs-d/index.php?show=2

Aus unserer Sicht sind jedoch genetische Ursachenmodelle aufgrund ihrer Unveränderbarkeit für die konkrete Förderung rechenschwacher Kinder kaum nutzbar.

▶ Störungen der Wahrnehmungsverarbeitung

Störungen der sensorischen Integration, also der Wahrnehmungsverarbeitung, können, wie noch gezeigt wird, dazu beitragen, dass ein Kind besondere Schwierigkeiten beim Rechnen entwickelt (vgl. Kapitel 3, S. 54). In der Schule können solche Defizite kaum ausreichend bearbeitet werden. Selbst wenn wir Ihnen einige Tipps geben, wie Sie die verschiedenen Wahrnehmungsbereiche fördern können, lassen sich diese Schwächen durch eine alleinige Förderung im Unterricht kaum ausgleichen. Fortschritte sind in diesem Bereich nicht von einem Tag auf den anderen zu erzielen und die Kinder benötigen sehr viel Zeit und regelmäßiges, sehr gezieltes Wahrnehmungstraining.

[4] *Vgl. Fegert, J. M. & Buchmann, C., 2003*

Vermuten Sie, dass Wahrnehmungsstörungen die Lernprobleme eines Kindes mit verursachen, sollten Sie auf die Eltern zugehen und in einem Gespräch anregen, dass die Wahrnehmungsqualität des Kindes genauer betrachtet wird. Gegebenenfalls sollte auch die Förderung durch andere Fachkräfte in Betracht gezogen werden. Gängige Therapieformen sind hier die Ergotherapie oder auch die Psychomotorik/Mototherapie. Auch in der Integrativen Lerntherapie wird dem Bereich der Wahrnehmungsförderung angemessen Raum gegeben, wenn dies bei einem Kind angezeigt ist.

→ Schulische Ursachen

Es gibt einige konkrete Faktoren im Bereich der Schule, die dazu beitragen können, dass ein Kind eine Rechenschwäche entwickelt oder sich bestehende Probleme verfestigen. Dazu zählt unter anderem der **Lehrerwechsel** in der Grundschule:

- Aus der Praxis ist uns ein Fall bekannt, bei dem ein Grundschüler bis zum Erreichen der vierten Klassenstufe – schließlich in der Schule für Erziehungshilfe – sechs verschiedene Lehrerinnen hatte.
- Stabile Konzepte, wie an mathematische Aufgabenstellungen heranzugehen sei, hatte er sich noch nicht sicher angeeignet. Seine Arbeitshaltung war bestimmt von Abwehr und Resignation.

Dies ist ein extremes Beispiel, aber es verdeutlicht, was auch ein einmaliger Lehrerwechsel für Schüler bedeutet. Ein neuer Lehrer hat häufig einen **neuen Unterrichtsstil**, auf den sich die Kinder erst einrichten müssen. Dieser Stil ist unter anderem durch die persönlichen Eigenschaften der Lehrkraft geprägt und zeigt sich in der handelnden Antwort etwa auf die folgenden pädagogischen Fragen: Welche Regeln und Rituale sind ihr wichtig? Wie sorgt sie für deren

Umsetzung? Wie geht sie mit der Heterogenität der Klassengemeinschaft um? Wesentlich ist natürlich auch, ob der neue Lehrer ein **anderes didaktisches Vorgehen** bevorzugt. Entspricht dieses Vorgehen der neuen Lehrkraft eher den Lernbedürfnissen der Kinder, kann ein einzelner Lehrerwechsel durchaus auch positive Seiten haben. In der Regel gelingt den Kindern eine Umstellung ohne große Mühe. Für einzelne Kinder kann sie jedoch zu einer Herausforderung werden, die sie nicht ohne Schwierigkeiten meistern. Einige Kinder sind mit der Umstellung der didaktischen Hilfsmittel überfordert, besonders wenn sie noch keine Routine im Umgang mit dem bisherigen Material hatten und noch keinen Bezug zu den dahinter liegenden mathematischen Vorgängen hergestellt haben.

Auf **schulorganisatorischer Ebene** muss kritisch hinterfragt werden, ob gerade in den Eingangsstufen genügend zeitliche und personelle Ressourcen zur Verfügung stehen, um Kinder, bei denen schon früh Schwächen offensichtlich werden, ausreichend zu fördern. Im Zuge der Reformen der Schuleingangsstufe wird in Zukunft tendenziell größere Flexibilität in der Einteilung der Stunden möglich sein. Die Flexibilität stößt allerdings schnell an Grenzen, wenn die Stundentafeln für die ersten beiden Schuljahre nach wie vor die wenigsten Schulstunden überhaupt enthalten. Im Interesse rechenschwacher Kinder bleibt zu hoffen, dass in der Verteilung der Stunden eine Vernachlässigung des Rechnens vermieden bzw. aufgehoben wird.

Eine weitere mögliche Ursache für Probleme liegt im **Feld zwischen Schule und Elternhaus**. Aus Beratungsgesprächen mit Eltern geht immer wieder hervor, dass eine vom Vorgehen der Lehrkraft abweichende Meinung darüber besteht, **auf welche Art und Weise in das Rechnen eingeführt werden sollte.** Im besten Falle entscheiden sich die Kinder für einen der Zugänge. Das ist in der Regel der in der Schule vermittelte. Dies führt dann zwar häufig zu nicht unerheblichen Konflikten bei den Hausaufgaben, aber zumindest erreichen diese Kinder mit der Zeit eine Methodensicherheit. Andere Kinder können diese gesunde Art des Widerstandes scheinbar nicht leisten. Sie springen je nach Lernort zwischen den verschiedenen Zugängen hin und her, verwechseln sie und werden dabei immer verwirrter. Wird die Diskrepanz zwischen dem Ansatz der Schule und dem des Elternhauses nicht aufgedeckt, thematisiert und beseitigt, schaffen die Erwachsenen die besten Bedingungen dafür, dass das Kind immer weiter verunsichert wird. Einige Tipps, wie sie Elterngespräche zu solchen konfliktbehafteten Themen im Sinne des Kindes gestalten können, finden Sie in Kapitel 6 (S. 93).

⮕ Umgang mit Fehlern

Obwohl Fehler wichtige Hinweise auf Lernprobleme geben, wird dieser Bedeutung von Fehlern nicht unbedingt entsprochen. So kann eine weitere Bedingung, die zur Verfestigung von Schwierigkeiten beiträgt, die Art und Weise sein, wie im Umfeld des Kindes auf Fehler reagiert wird. Umfeld meint dabei sowohl das schulische als auch das häusliche. Die Haltung, **dass Fehler etwas Schlimmes und unter allen Umständen zu vermeiden sind**, nehmen Kinder oft sehr stark auf. Herrscht in der Klassengemeinschaft gleichzeitig ein Klima, das von Konkurrenz geprägt ist, kommt es leider häufig zu Hänseleien jener Kinder, die einen Fehler gemacht oder die eine schlechte Note geschrieben haben. Einige Kinder erleben, dass Fehler zu Anklagen, Schuldzuweisungen oder gar Liebesentzug von Seiten der Erwachsenen führen.

Das alles kann dazu führen, dass ein Kind, das in seiner Rechenentwicklung zurückgeblieben ist und einige Einsichten noch nicht nachvollzogen hat, tatsächlich eine Lernschwäche ausprägt.

Die Kinder zeigen dann oft keinen angemessenen Umgang mit Fehlern mehr. Die natürliche Ambivalenz zwischen kritischer Auseinandersetzung mit dem Fehler *(„Ich ärgere mich – was habe ich denn da gemacht?")* und Selbsttröstung *(„Ach, ist ja nicht so schlimm. Beim nächsten Mal wird's besser.")*

gerät aus dem Gleichgewicht: Einige Kinder werden ausgesprochen **ängstlich und verstummen oder stören** im Unterricht regelrecht. Sie nehmen sich ihre Misserfolge sehr zu Herzen. Das bleibt nicht ohne Auswirkung auf ihre Selbstwertentwicklung. Sie nehmen sich als dumm wahr und jeden Misserfolg verbuchen sie wieder als Bestätigung dieses Urteils über sich selbst. Sie zeigen sich im Unterricht in der Regel jedoch nach wie vor sehr bemüht und fleißig.

Andere zeigen sich **von den zahlreichen Misserfolgen scheinbar unberührt.** Sie sagen, schlechte Noten seien ihnen egal. Ihre Arbeitshaltung verändert sich stark. Sie zeigen sich unmotiviert und werden von Erwachsenen häufig als faul beurteilt – ein Prädikat übrigens, mit dem diese Kinder sich manchmal sogar selbst beschreiben. Nicht ohne Stolz geben sie dann bekannt, einfach faul zu sein. Wer versucht, sich in die Lage rechenschwacher Kinder zu versetzen, erkennt jedoch schnell, dass solche Aussagen in erster Linie die Funktion des Selbstschutzes erfüllen und zur Abwehr des eigentlichen Problems, für das das Kind keine Lösung findet, beitragen. Eine Spirale negativer Zuwendung, gebaut aus Vorwürfen und Verteidigung, beginnt sich um Kind und erwachsene Bezugspersonen zu winden.

Es soll aber an dieser Stelle noch einmal betont werden, dass diese Haltung keine wirkliche Eigenschaft der Kinder ist. Sie ist vielmehr die reaktive Verarbeitung des Erlebens, bei den gestellten Aufgaben nicht erfolgreich sein zu können.

Merkmale von Rechenschwächen

Lerne Geduld haben mit fremden Fehlern;
denn siehe, du hast auch viel an dir, was andere tragen müssen.

Thomas von Kempen (1379–1471), deutscher Augustinermönch und Mystiker

Typische Fehler

„DIE Rechenschwäche" gibt es nicht. Die Schwierigkeiten der Kinder setzen sich immer aus mehreren Merkmalen zusammen. Diese können in den unterschiedlichsten Kombinationen auftreten. In der Literatur wird im Allgemeinen zwischen Primär- und Sekundärsymptomen unterschieden:

▶ Primärsymptome sind dabei jene Merkmale, die den Kernbereich der Rechenschwäche bilden.

▶ Erst in der Folge der Kernproblematik und der individuellen, psychischen Verarbeitung durch das Kind entstehen dann die so genannten Sekundärsymptome (s. Kapitel 3, S. 62). Sie liegen vor allem im emotionalen und Verhaltensbereich.

Begrifflich bevorzugen wir die Bezeichnungen **Merkmal oder Anzeichen** anstelle des sehr mit Krankheit assoziierten Begriffs Symptom.

Eine Rechenschwäche zeigt sich in erster Linie durch besondere **Schwierigkeiten beim Lösen von mathematischen Aufgabenstellungen.** Die dabei am häufigsten auftretenden Problembereiche werden im Folgenden näher erläutert. Der einzelne Schüler zeigt in der Regel nicht in jedem Bereich Probleme. Für die Förderung ist eine **genaue Analyse der individuellen Fehler** eines Schülers unerlässlich. Dabei können Fehler als **Ausdruck subjektiver Zugänge** des Schülers zu bestimmten Rechenverfahren gedeutet werden. Sie sind damit kein Makel des Kindes sondern Folge seiner aktiven Auseinandersetzung mit dem Lerngegenstand Rechnen.

Einem Forscher gleich macht sich die Förderperson also auf in den Dschungel individueller Rechentheorien und -strategien. Sie kann dabei etwas Licht ins Dickicht bringen, indem sie den Schüler auffordert und ermutigt, seine Gedankengänge beim Rechnen laut zu formulieren. Dies umzusetzen ist für Kinder zunächst schwierig. Wenn sie jedoch die Erfahrung machen, dass ihre Äußerungen – auch die falschen – respektvoll behandelt werden, fällt es ihnen zunehmend leichter. Die Lehrkraft erkennt dadurch, welches Material zur Förderung des Kindes geeignet ist. Die **laut gesprochene Selbstinstruktion** des Kindes ist damit eine wichtige Grundlage der Förderdiagnostik, bei der die diagnostischen Hypothesen Grundlage für die Materialauswahl sind und aus der Bearbeitung des Materials die diagnostischen Hypothesen wiederum überprüft und differenziert werden.

Scheuen Sie sich bei Verdacht auf eine Rechenschwäche nicht, die Eltern des Kindes frühzeitig zu einer Beratungsstelle zu schicken. Hier kann eine genaue Analyse der Begabungsausstattung des Kindes vorgenommen werden. Insgesamt gilt: Je früher das Problem erkannt wird, desto eher lässt es sich bewältigen. Dies gilt insbesondere für den Einfluss von Misserfolgserlebnissen auf das Selbstbewusstsein des Kindes, der sich im Laufe der Zeit stark verfestigen kann.

→ Aufsagen der Zahlwortreihe

Die Kinder können zählen, aber sobald sie rückwärts zählen oder bei einer anderen Zahl als der Eins anfangen sollen, treten Probleme auf, die ihre Mitschüler schon längst überwunden haben. Sie müssen zum Zählen immer wieder bei der Eins anfangen und das Bestimmen von Nachbarzahlen bereitet ihnen große Mühe.

Diese Schwierigkeiten treten auf, weil die Kinder die Zahlenwortreihe wie ein Gedicht auswendig gelernt haben. **Die Zahlenworte sind dabei nicht mit**

einer Mengenvorstellung verbunden. Darum können sie keine Serialität im Sinne von logischer Reihenbildung (immer +1) erschließen und darüber Zahlenfolgen an beliebigen Stellen fortsetzen (vgl. Kapitel 1, S. 16).

> Vielleicht können Sie sich besser in die Situation dieser Kinder hineindenken, wenn sie einmal versuchen, das Alphabet rückwärts aufzusagen. Das Alphabet folgt in seiner Reihenbildung keiner logischen Systematik, sondern geht historisch auf ein altes Alphabet zurück. Erfahrungsgemäß gelingt das nur wenigen Personen ohne Schwierigkeiten und im gleichen Tempo wie vorwärts. Beim Benennen von Nachbarbuchstaben fällt es in der Regel leichter, den folgenden als den vorherigen Buchstaben zu finden. Häufig sind sogar Erwachsene noch auf bestimmte Einstiegsbuchstaben angewiesen, von denen aus sie die folgenden Buchstaben erschließen. Das hat wenigstens den Vorteil, nicht immer wieder bei A anfangen zu müssen.

Erst wenn verstanden wurde, dass Zählen der Addition von 1 entspricht, kann immer weiter vorwärts und rückwärts gezählt werden. Auch für das Finden von Nachbarzahlen ist dieses Zahlenverständnis nötig. Die Entwicklung des Zählens kann durch die Verwendung eines **Zahlenstrahls** als visuelle Hilfe sehr gut unterstützt werden.

> Die Übung zum Rückwärtszählen kann ein Raketen-Countdown sein. Mit einem Countdown-Ritual können Sie beispielsweise jeden Schultag abschließen.

→ Schreiben und Lesen von Zahlen

Einige Kinder benötigen längere Zeit, um das Schreiben von Ziffern zu lernen. Gleiches gilt für die **Automatisierung der Zuordnung vom Zahlenbild zum Zahlenwort.** Dieses Problem ist der Erfahrung nach keines, das länger anhält. Mit einem konzentrierten Training kann dieser Bereich mit relativ schnellem Erfolg eingeübt werden. Lehrkräfte äußern jedoch Schwierigkeiten, den Kindern diese Zeit und konzentrierte Zuwendung im Regelunterricht zukommen zu lassen. Tatsächlich beherrschen ja viele Kinder schon zum Schuleintritt das Schreiben einiger Zahlensymbole. Wenn nun ein Kind über längere Zeit Übung und Anleitung in diesem Bereich benötigt, stellt sich die Frage, wie dies durch geeignete Differenzierung im Unterricht ermög-

licht werden kann.

Bei den **deutschen Zahlen** wird ab der 13 der **Einer vor dem Zehner** gesprochen (im Gegensatz hierzu vgl. die englischen Zahlen, z.B. twenty-one).

Wenn Kinder im Zahlenschreiben noch wenig routiniert sind, schreiben sie häufig sofort jene Ziffer auf, die sie in einer genannten Zahl zuerst hören. Zahlendreher entstehen zwischen Einern und Zehnern, da wir im Deutschen den Einer zuerst sprechen. Also wird aus „21" die „12", analog aber auch aus „121" die „112". Der Hunderter verändert seine Position nicht, da er zuerst gesprochen wird.

Um mit diesen Kindern die korrekte Zahlenschreibweise zu trainieren, sollten Sie sie auffordern, beim Schreiben zuerst eine Lücke zu lassen und erst dann den Einer und davor den Zehner zu schreiben. Oft automatisieren die Kinder dann relativ schnell das Zahlenbild und schreiben die Zahlen auch spontan richtig.
Bei besonders hartnäckigen Problemen müssen die 100er-Zahlen noch einmal gesondert trainiert werden und zwar in der Reihenfolge: 100er, Lücke, Einer, Zehner in die Lücke.

➡ Verrechnen um eins

Sonja soll die Aufgabe 5 – 2 rechnen. Sie hält sich die linke Hand mit fünf gespreizten Fingern vor Augen. Für Sonja trägt der kleine Finger den Namen fünf. Von diesem Finger geht sie also aus. Sie tippt ihn mit dem Zeigefinger der rechten Hand an und sagt „Fünf", dann tippt sie den Ringfinger an und sagt „Vier". Damit ist die Aufgabe für sie fertig berechnet. Sie hat die linke Hand für den Aufgabenteil –2 zwei Finger weit rückwärts gezählt und als letztes die Zahl „Vier" genannt. In ihr Heft trägt sie also 5 – 2 = 4 ein.

Bei vielen Kindern mit besonderen Schwierigkeiten beim Rechnen fällt auf, dass ihre Ergebnisse regelmäßig um eins vom richtigen Ergebnis abweichen. Dies ist oft ein sicherer Hinweis, dass das Kind die Aufgaben durch **Abzählen** löst und sich dabei eines festen Systems bedient, das ursächlich für diese Abweichung um eins ist. Genauer als die Bezeichnung „verrechnen um eins" wäre also „verzählen um eins".

An dem oben stehenden Beispiel wird offensichtlich, dass die Kinder die **Finger als serielle Hilfe für das Zählen, aber nicht als Hilfe zur Mengenvorstellung** nutzen. Aufgrund dieses Phänomens und den daraus entstehenden Fehlern, wird oft die Konsequenz gezogen, dass den Kindern das Rechnen mit den Fingern abzugewöhnen sei.

Wir sind hingegen der Meinung, dass die Finger für Kinder eine wichtige, da immer verfügbare, Bezugsgröße sind und durchaus zum Rechnen benutzt werden können. Auch Erwachsene benutzen die Finger manchmal als Abzählhilfe.

Etwa bei folgender Frage: *„Heute ist Dienstag, der 17. Mai. Welcher Wochentag ist der 2. Juni?"*

Wesentlich im Bezug auf die Unterstützung des Rechnens durch Finger ist also, dass Kinder lernen, die fünf Finger einer Hand als **Menge** zu begreifen (kardinales System) und nicht die fünf Finger mit fünf verschiedenen Namen (ordinales System) (vgl. S. 11) vor sich zu sehen. **Denn nur mit Mengen – und nicht mit Ordnungszahlen – lässt sich rechnen.** Haben Kinder bestimmte Rechenaufgaben erst einmal automatisiert, legen sie das Fingerzählen ab.

➡ Verwechslung der Operationssymbole

Die Verwechslung von Operationssymbolen ist durch die **Ähnlichkeit ihres Aussehens** beeinflusst. Besonders häufig tritt die Verwechslung darum bei >/< und bei +/x auf. Dabei ist auf Nachfrage oft festzustellen, dass das Kind das Symbol mit dem falschen Namen belegt hat, aber entsprechend dieses Namens richtig rechnet.

Die Kinder sind hier durch verschiedene Eselsbrücken gut zu unterstützen. Zum Beispiel kann man den Kindern erklären, dass aus dem Zeichen für „kleiner als" (<) durch Hinzufügen eines senkrechten Striches leicht ein „k" für „kleiner" zu zeichnen ist. Bei **Multiplikationsaufgaben** sollte als Symbol ausschließlich der Punkt verwendet werden.

Didaktisch ist außerdem zu berücksichtigen, dass besonders in der Einführungsphase Übungen vermieden werden sollten, die zu Ähnlichkeitshemmungen führen können.

➡ Unverständnis des Zusammenhangs der Operation

Klar zu trennen von der Verwechslung von Operationssymbolen ist das Unverständnis des Zusammenhangs der Operationen. Die Schüler haben hier noch nicht begriffen, dass das Zeichen „=" als Symbol dafür steht, dass auf beiden Seiten Mengengleichheit besteht. Zu welch umfassender Verwirrung dies führt, wollen wir zunächst am Beispiel von **Subtraktionsaufgaben** zeigen. Solche Aufgaben werden vom routinierten Rechner keineswegs immer auch durch Subtraktion berechnet:

▶ Die Aufgabenstellung 2436 – 2429 = x wird sehr häufig in die Ergänzungs-
aufgabe 2429 + x = 2436 umgewandelt. Diese Umwandlung wird auch bei
geringeren Zahlenwerten vollzogen.

▶ Die Entscheidung, ob als Ergänzung oder als Subtraktion gerechnet wird,
kann jedoch nur vorgenommen werden, wenn zuvor der zugrunde liegende
Mengenvorgang begriffen wurde.

Das **Auffüllen einer Menge** bereitet vielen rechenschwachen Schülern jedoch große Mühe. Sie verstehen zunächst nicht, warum bei einem Subtraktions-symbol addiert wird. Ihre Verwirrung wird dann von den Erklärungsversuchen Erwachsener, die das Problem des Kindes nicht erkannt haben, noch komplet-tiert. Häufige Aussagen, wie *„Das ist doch ganz einfach!"* oder *„Das sieht man doch!",* helfen rechenschwachen Kindern nicht weiter. Das zugrunde liegende Wissen aus der Algebra, dass man Aufgaben umstellen kann, haben Grund-schüler noch nicht regelhaft erlernt und ältere Schüler oft noch nicht verstan-den. Tatsächlich ist aber genau dies die Basis, auf der die obige Beispielrech-nung berechnet wird:

▶ 2436 – 2429 = x

▶ 2436 = x + 2429

▶ 2436 = 2429 + x

Eine Schwierigkeit rechenschwacher Kinder liegt möglicherweise auch darin, dass sie sich beim Rechnen der **Bewegungsrichtung auf dem Zahlenstrahl** nicht sicher sind. Gute Rechner haben jederzeit eine Vorstellung davon, wo sie sich im Zahlenstrahl befinden und in welche Richtung sie sich bei welchen Operationen bewegen müssen. Kindern mit anhaltenden Schwierigkeiten beim Addieren und Subtrahieren fehlt diese Orientierung.

Unzureichendes Verständnis der Mengenvorgänge führt auch im Bereich der Multiplikation und Division zu Schwierigkeiten:

● Es fehlt gänzlich das Verständnis, dass eine Multiplikation eine Vereinfachung einer wiederholenden Addition ist.

● Und dafür, dass Division tatsächlich etwas mit gleichmäßigem Verteilen
zu tun hat.

Beim Üben der Division größerer Zahlen sollen die Kinder in der ersten Phase
ihre Rechnungen durch schriftliches Multiplizieren überprüfen. Für Kinder, die
noch keine Vorstellung haben, was bei diesen Rechnungen in Bezug auf die
Menge geschieht, sind dies zwei völlig voneinander getrennte Aufgaben. Wie
das Multiplizieren eine Überprüfung des Dividierens ermöglicht, ist ihnen noch
unklar. Oft schreiben sie darum die Zahlen bei der Probe nur von der Divisions-
aufgabe ab, ohne den Rechenweg nachzuvollziehen.

> Vermitteln Sie den Schülern einfache Beispielaufgaben, auf die
> sie Bezug nehmen und von denen sie auf schwierigere Aufga-
> ben schließen können. Für die Prozentrechnung kann dies
> etwa sein: 1 % von 100 = 1, also ist 1 % von 637 = 6,37.

➡ Starker Leistungsabfall beim Kopfrechnen

Es ist allgemein bekannt, dass das Lernen dann besonders erfolgreich funktio-
niert, wenn möglichst **viele Lernwege** genutzt werden (z.B. sehen, hören,
denken, handeln). Beim Kopfrechnen sind die Kinder allein auf das Denken zu-
rückgeworfen. Selbst die Schrift steht ihnen nicht mehr als Medium zur Strukturierung und als Merkhilfe zur Verfügung. Um solche Aufgaben zu lösen, muss
der Rechenvorgang selbst gut automatisiert sein. Es kann hier nicht „neben-
bei" noch überlegt werden, wie diese Aufgabe nun überhaupt zu rechnen sei.
Wenn diese Erschließung eines geeigneten Rechenweges jedoch immer wieder
neu vollzogen werden muss, wird dadurch im Grunde bereits alle kognitive Energie gefordert.

Erschwerend wirkt sich beim Kopfrechnen ein unzureichendes **auditives Gedächtnis** aus. Das auf die kurzfristige Speicherung ausgerichtete Arbeitsgedächtnis ist dringend erforderlich, um sich beispielsweise Zwischenergebnisse zu merken und zu gegebener Zeit wieder abzurufen. Prinzipiell lässt sich das Gedächtnis natürlich trainieren.

Dabei wird jedoch häufig übersehen, dass das Arbeitsgedächtnis in hohem Maße von der **Aufmerksamkeitsleistung** und nicht zuletzt auch von der **Erfolgszuversicht** beeinflusst wird. Wenn ein Kind angesichts einer ihm kaum lösbar erscheinenden Aufgabenstellung von vornherein davon ausgeht, dass es bei der Lösung nicht erfolgreich sein wird, kann es sich auch Zwischenergebnisse schlechter merken. Es hat ohnehin das Bewusstsein entwickelt, dass den selbst errechneten Zwischenergebnissen kaum zu vertrauen ist.

Das Kopfrechnen selbst ist als **Königsdisziplin des Rechnens** zu sehen, da sich der Rechnende keiner Hilfsmittel mehr bedienen kann. Denkakrobatik ohne Netz und doppelten Boden – kein Wunder also, dass diese hochabstrakte Leistung zu großen Schwierigkeiten bei rechenschwachen Kindern führt.

> **!** Bei manchen Kindern hilft ein gezieltes Fünf-Minuten-Training: Jeden Tag wird fünf Minuten lang das Kopfrechnen geübt. Dieses Training kommt der ganzen Klasse zugute.

→ Probleme beim Lösen von komplexeren Aufgaben

Wie bereits erwähnt, haben rechenschwache Kinder bereits beim Errechnen grundlegender, isolierter Aufgaben Probleme. Es ist dann kaum verwunderlich, dass **komplexere Aufgabentypen**, in denen verschiedene Operationen kombiniert werden, eine für sie noch schwerer zu bewältigende Herausforderung darstellen.

Bei **Kettenaufgaben** fehlt rechenschwachen Kindern die Fähigkeit, den Term in **leicht errechenbare Untereinheiten** zu gliedern:

- ▶ Den Term $10 + 7 - 7 + 5 - 3 = x$ werden Sie sicher schnell zu $10 + 2 = x$ zusammenfassen.

- ▶ Das rechenschwache Kind rechnet hingegen mühsam Schritt für Schritt in der angegebenen Reihenfolge, also z.B. erst $+7$ und dann wieder -7.

Es kann davon ausgegangen werden, dass schwache Schüler für das Berechnen (oder Abzählen) eines Schrittes ohnehin mehr Zeit benötigen als sichere Rechner. Bei Kettenaufgaben kommt nun noch hinzu, dass sie Terme kaum umstellen und gliedern können, um sie zu vereinfachen und so zeitökonomisch zu rechnen. Der **Zeitfaktor** spielt beim Bearbeiten solcher Aufgaben eine nicht zu vernachlässigende Rolle. Kinder, die bereits das Selbstbild entwickelt haben, langsame Rechner zu sein, sehen sich bei Kettenaufgaben nicht nur einem Berg, sondern einem Gebirge gegenüber. Sie werden schnell mutlos und noch langsamer. Die Aufgabe wird nicht zu Ende gerechnet und so zu einem garantierten, weiteren Misserfolgserlebnis.

Neben Kettenaufgaben sind **Sachaufgaben** erfahrungsgemäß besonders brisant. Die große Anforderung besteht dabei darin, einen narrativen Text in die Sprache der Mathematik zu übersetzen. Ob Kinder Sachaufgaben erfolgreich lösen können, ist nicht unwesentlich vom **sprachlichen Ausdruck** der Aufgabe selbst abhängig. Wir möchten dies an folgendem Beispiel verdeutlichen:

> *Bauer Huber hat eine Herde mit 12 Schafen. Seine zweite Herde hat nur halb so viele Schafe. Auf dem Viehmarkt verkauft Bauer Huber von der ersten Herde so viele Schafe wie die Anzahl der zweiten Herde beträgt.*

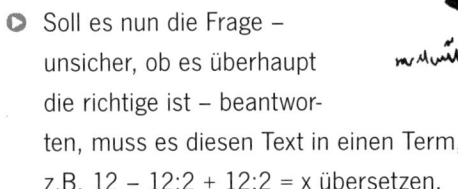

○ Oft wird die Aufgabe nicht von einer Frage abgeschlossen. Das Kind muss dann selbst auf die Frage „*Wie viele Schafe bleiben Bauer Huber?*" kommen.

○ Soll es nun die Frage – unsicher, ob es überhaupt die richtige ist – beantworten, muss es diesen Text in einen Term, z.B. 12 – 12:2 + 12:2 = x übersetzen.

○ Dazu ist es notwendig, sich ein Bild vom Bauern und insbesondere von seiner Herde zu machen. Das Kind muss die Schafe im Geiste bündeln und als definierte Menge erfassen.

Kindern, die Schwierigkeiten mit solchen Aufgaben haben, fällt es oft besonders schwer, ihnen eine Struktur zu geben. Hilflos scheinen sie dann die gegebenen Zahlen wahllos miteinander zu verrechnen.

Ermutigen Sie das Kind, sich eine Skizze zu machen und jeden Teilschritt aufzuschreiben.

▣ Unsicherheiten im dekadischen Positionssystem

Das schwerwiegendste und hartnäckigste Problem, mit dem rechenschwache Kinder und nicht selten auch deren Lehrer und Eltern kämpfen, ist ihr Unverständnis im Umgang mit dem dekadischen Positionssystem.

Dekadisches Positionssystem

Der Begriff „dekadisch" leitet sich aus dem Griechischen ab und
bedeutet „auf die Zahl 10 bezogen". Die aus dem Lateinischen
abgeleitete Bezeichnung dafür lautet „dezimal". Im dekadischen
System bzw. Dezimalsystem lassen sich alle reellen Zahlen mit
der Grundzahl 10 darstellen, z.B. $197,5 = 1 \cdot 10^2 + 9 \cdot 10^1 + 7 \cdot 10^0 +
5 \cdot 10^{-1}$. Der Wert einer Ziffer richtet sich im dekadischen System
nach der Stellung: $20 = 2 \cdot 10$, $200 = 2 \cdot 10^2$, $0,2 = 2 \cdot 10^{-1}$.

Im Folgenden werden wir die **Hauptprobleme**, nach der Systematik des
Rechenaufbaus geordnet, darstellen.

Die Kinder, denen das dekadische Zahlensystem nicht klar ist, lesen die
Zahlen wie Wörter. Die Bedeutung der dahinter liegenden **Menge** im dekadischen System ist ihnen jedoch nicht klar. Die Kinder können also durchaus
benennen, dass 1000 = „tausend" ist. Die weiteren Implikationen, die dies in
sich trägt, beispielsweise in Bezug auf das Mengenverhältnis zu 10 oder
1 000 000, können sie jedoch noch nicht ableiten:

◯ Grundsätzlich bedeutet jede Erweiterung um 0 den Rechenschritt •10.
◯ So entstehen weitere größere Bündelungen, nämlich 100, 1000 usw.
◯ Analog entwickelt sich auch später im Mathematikunterricht der Aufbau
der Dezimalzahlen.

Für die Ausprägung des Verständnisses des dekadischen Positionssystems
ist es notwendig, dass das Kind **bündeln** kann. Nur, wenn es begreift, dass
ein Zehnerbündel und ein weiteres Zehnerbündel zwei Zehnerbündel, also
20 Einzelne, sind, kann es Analogien schließen, die beim Rechnen zur
Vereinfachung und zum Verständnis notwendig sind. Die Analogie 1 + 1 = 2
also 10 + 10 = 20 macht für Kinder, die noch keinen Zugang zum
dekadischen Positionssystem gefunden
haben, keinen Sinn.

Kinder, die große Unsicherheiten im dekadischen Positionssystem haben, können **Rechenergebnisse** häufig nicht auf ihren Bezug zur Realität hin **überprüfen**. Beim Schätzen nennen sie Zahlen, die darauf schließen lassen, dass sie keinen Begriff von größeren Mengen haben. Oft hält sich beispielsweise hartnäckig die Vermutung, dass auf die Hundert schon bald die Tausend folge, dies aber „sehr viel" sei.

> **!**
>
> Für solche Kinder kann es hilfreich sein, ihnen die Menge Tausend konkret begreifbar zu machen. Durch das Auffädeln von 100er-Ketten aus Plastikperlen, wobei jede 10er-Folge eine andere Farbe bekommt, können sie die Menge 1 000 handelnd begreifen. Diese Übung kann gut im Rahmen der Binnendifferenzierung eingesetzt werden.

Aber nicht nur dies muss ein Kind erfassen. Auch dass der **Zahlenraum** durch Nullen auf 10 000 oder gar auf 1 000 000 000 erweitert wird, unterliegt dem **System der Nullen** und damit dem dekadischen System aus 10er-Folgen. Zum Erschließen des richtigen Zahlwortes müssten die Stellen gezählt werden. Um beispielsweise zu erfassen, ob man von Milliarden oder Trillionen spricht, ist es notwendig, die **Nullstellen auszuzählen**. Hier sind immer 1 000er-Schritte notwendig, also 3 Nullen mehr.

Die Schwierigkeiten und Missverständnisse rechenschwacher Kinder beginnen bereits bei **der „Null"**. Im allgemeinen Sprachgebrauch wird „null" mit „nichts" gleichgesetzt. Das dies im mathematischen Sinne nicht zutrifft, muss rechenschwachen Kindern erklärt und verdeutlicht werden. Dies ist am Zahlenstrahl, bei dem auch die Null abgebildet ist, möglich. Die Null ist nicht „nichts", sondern eine Position im **Zahlenstrahl**. Um Dezimalzahlen zu verdeutlichen, eignet sich ebenfalls die Visualisierung am Zahlenstrahl. Dort entstehen zwischen den ganzen Zahlen Lücken. Auch in diesen Lücken ist nicht „nichts". In ihnen sind nämlich wieder kleinere Intervalle bildbar, die Dezimalzahlen.

Kinder, denen die Bedeutung des Kommas und der nachfolgenden Stellen nicht klar ist, zeichnen auf einem Zahlenstrahl den Wert 0,99 weiter rechts ein als den Wert 1.

Dem mathematisch versierten Leser ist der komplexe und facettenreiche Aufbau des dekadischen Positionssystems zur Selbstverständlichkeit geworden. Die Schwierigkeiten rechenschwacher Kinder legen jedoch immer wieder offen, dass es zahlreiche Stolperstellen auf dem Weg zum automatisierten Umgang mit dem dekadischen System gibt.

Geben Sie dem Kind immer wieder Übungsaufgaben, die die Analogien im Zehner-, Hunderter- und Tausenderraum verdeutlichen.

→ **Verwechslung von Zeit- und Längeneinheiten**

Eine schlechte Mengenvorstellung und Probleme im dekadischen Positionssystem finden auch Ausdruck in einem schlechten Vorstellungsvermögen für Einheiten. Auch bei jenen Einheiten, die im Alltag häufig verwendet werden, sind die Schüler noch unsicher. Unter den gegebenen Lernbedingungen zu Hause und im Unterricht kommt es bei ihnen nicht zu einer Automatisierung im Umgang mit Einheiten, da den Schülern der grundlegende Bezug fehlt. Sie zeigen wenig Alltagswissen in Bezug auf Größen und Einheiten. Ein Beispiel soll dies deutlich machen:

> *„Stolz stehen Vater und Sohn Lucas vor dem neu angelegten Teich im Garten. Auf die Frage, wie viel Wasser wohl in dem Teich sei, schätzt Lucas, dass es 2 Liter sind."*

Ohne den Bezug zu Einheiten können Kinder ihre Angaben oder errechneten Lösungen nicht kontrollieren. Die Aufforderung, errechnete Ergebnisse daraufhin zu überprüfen, ob sie realistisch sind, ist sinnlos, denn genau dieses **Bild von der Realität** fehlt ihnen ja.

Neu Erlerntes können die Kinder nur schwer an bereits vorhandenes und verstandenes Wissen anknüpfen. Diese Anknüpfung ist jedoch für eine gelingende Speicherung dringend notwendig. Wie bereits gezeigt wurde, können Kinder mit besonderen Schwierigkeiten beim Rechnen das dekadische Positionssystem nur schwer begreifen. Ihre Unsicherheiten in diesem Bereich äußern sich deutlich beim **Umrechnen von verschiedenen Einheiten.**

Zum einen sind ihnen „diese Nullen" sowieso ein Rätsel und zum anderen erscheint der Zusammenhang zwischen Größen und deren Benennung willkürlich und dadurch undurchschaubar. Ein Beispiel hierfür sind die **Längenmaße:**

▶ Die Längenbezeichnungen mm, cm, dm und m unterscheiden sich um den Faktor 10.

▶ Die meisten Rechenaufgaben befassen sich aber mit der Umrechnung von cm in m (Faktor 100). Zwischen m und km findet sich in der Gliederung zudem ein Bruch: Das System geht mit dem Faktor 1 000 von m zu km und es gibt keinen eigenen Begriff für 10 m oder 100 m.

▶ Hat ein Kind keine Vorstellung davon, wie viele 10er ein 100er oder gar ein 1 000er sind, kann es auch keine Vorstellung davon entwickeln, um welche Entfernung es sich handelt.

Ist diese Hürde erst einmal genommen, scheint das Umrechnen von 1000 g auf kg und von 1 000 ml auf l überschaubar. Hier tritt jedoch massiv das Problem der Dezimalschreibweise auf: „0,01 kg sind wie viel g?" Diese Frage ist ohne Sicherheit im dekadischen System kaum lösbar. Beim Umrechnen der Längen- und Masseneinheiten sind durch ihren Bezug zum Dezimalsystem einige Aufgaben noch durch **prozedurales Wissen** lösbar: Die Kinder wenden routinemäßig immer wieder das gleiche System an und verschieben Kommas oder hängen Nullen an, ohne wirklich zu begreifen, was dies bedeutet.

Zu großer Verwirrung trägt bei rechenschwachen Kindern schließlich das Rechnen mit **Zeiteinheiten** bei. Haben sie vielleicht bei den anderen Maßen gerade eine Vorstellung von 100 und 1 000 erworben, sollen sie nun mit dem

Faktor 60 arbeiten. Im mathematischen Umgang mit der Zeit ist deshalb ein differenziertes Verständnis von Mengen und Bündeln notwendig.

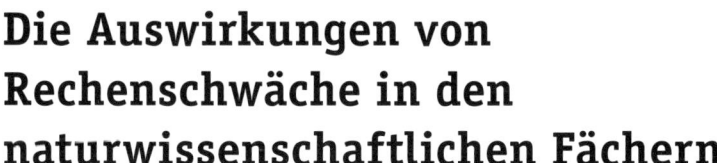

Gehen Sie im Mathematikunterricht ruhig auch einmal praktisch mit Maßeinheiten um: Kochen Sie zum Beispiel einen Pudding oder lassen Sie die Kinder tatsächliche Strecken abmessen. Wenn die Kinder vor dem Messen die Entfernungen schätzen sollen, erhalten Sie einen guten Eindruck davon, ob die Kinder schon realistische Bezüge hergestellt haben. Finden Sie Wege, die es auch rechenschwachen Kindern ermöglichen, ihren Tipp ohne Angst vor Bloßstellung abzugeben (z.B. einen eigenen Protokollbogen).

Die Auswirkungen von Rechenschwäche in den naturwissenschaftlichen Fächern

Die Auswirkungen der Rechenschwäche in den naturwissenschaftlichen Fächern werden häufig nicht bedacht. Umgekehrt werden Schwächen in einem naturwissenschaftlichen Fach häufig mit **mangelndem Interesse des Kindes am Stoff** des Faches erklärt, obwohl die Ursache in einer Rechenschwäche begründet ist. Diese Fehleinschätzung tritt insbesondere dann auf, wenn ein Schüler in mehreren naturwissenschaftlichen Fächern schlechte Leistungen erbringt.

Vielfach finden schlechte Leistungen in den Naturwissenschaften aber auch ein **größeres Verständnis** bei Eltern und Lehrern als schlechte Leistungen in den Geisteswissenschaften, wie etwa Geschichte oder Religion. In den Naturwissenschaften kann durch reines Auswendiglernen des Unterrichtsstoffs keine Kompensation von mangelndem Verständnis erfolgen. Werden Schwierigkeiten in den Naturwissenschaften jedoch **vorschnell** akzeptiert, ist der Weg zur Aufdeckung der komplexen Problematik einer möglichen Rechenschwäche verstellt. Nicht selten bedeutet dies dann auch, dass keine angemessene Förderung erfolgt.

Wie bereits erwähnt, befasst sich die **Mathematik** mit der Abbildung von Realität hinsichtlich genau und ungenau (vgl. S. 20). Sie spielt folglich eine große Rolle bei den Naturwissenschaften, deren Themen die **systematische Erforschung, Abbildung, Objektivierung und Berechenbarkeit von Realität** sind.

Um komplexe Phänomene der Alltagswelt berechenbar zu machen, muss zumeist ein Ganzes in Teile bzw. Teilbereiche zerlegt und dann in Modelle oder Formeln eingefasst werden. Es wird dabei immer weiter vom Konkreten und ohne Hilfsmittel Beobachtbaren abstrahiert.
Um die Tragweite dessen zu verdeutlichen, betrachten wir einmal die Frage „*Warum ist der Baum grün?*":

◉ Ein erster Schritt liegt darin, den Fokus auf Teilbereiche des „grünen Baumes" zu richten und zwar auf die **grünen Blätter**. Der Frage aber, warum der Baum grün sei, sind wir damit kaum näher gekommen.

◉ Zur weiteren Klärung wird die Betrachtung verschiedener **Modelle** notwendig:

◉ Grüne Blätter sind aus einzelnen **Zellen** zusammengesetzt, in denen wiederum mehrere Chloroplasten liegen.

◉ Diese **Chloroplasten** sind von einer Hülle begrenzt, in deren innerer Membran das **Chlorophyll** liegt.

▶ Chlorophyll ist schließlich ein grüner Farbstoff, der für die **Fotosynthese** (Biologie), also die Umwandlung von Lichtenergie in chemische Energie, notwendig ist.

▶ Die **Reaktionen**, die hierbei vor sich gehen, können in der Form von Formeln näher beschrieben werden (Chemie).

▶ Die Ursache dafür, dass Chlorophyll grün aussieht, hängt wiederum mit dem **Absorbtionsvermögen** verschiedener Wellenlängen des Lichtes zusammen (Physik).

Dieses Beispiel zeigt anschaulich, dass auch die biologischen Naturwissenschaften stets mit den so genannten exakten Naturwissenschaften (Physik, Chemie) verbunden sind. Letztere basieren wiederum vorwiegend auf **mathematischen Formulierungen.**

Zu eben diesen mathematischen Formulierungen fehlt rechenschwachen Kindern der Zugang. Es gelingt ihnen kaum, eine Aufgabenstellung, also einen Text, in eine mathematische Problemstellung oder Aufgabe umzusetzen. Das Kind findet keine passende Formel, kann die gegebenen Werte nicht einsetzen und die Formel nicht durch Umformungen auflösen und ausrechnen. Schon Textaufgaben im Mathematikunterricht, bei denen die zu übende Rechenoperation in der Regel bekannt ist, stellen die Kinder vor große Probleme, zumal hier oft das Rechnen mit und Umrechnen von Maßeinheiten vorausgesetzt wird. Gerade diese Problematik erschwert das Lösen von den vermehrt hinzukommenden Aufgaben in den naturwissenschaftlichen Fächern.

Die **Verknüpfung einzelner Handlungsschritte** ist zu komplex, um sie nur mechanisch ausführen zu können. Die Aufgabe wird für das Kind unlösbar, sobald es von dem erlernten Lösungsweg nur einen kleinen Schritt abweichen muss (z.B. durch die Umstellung einer Formel). Insbesondere in den weiterführenden Schulen bereiten rechenschwachen Kindern die Fächer Chemie, Physik, Biologie und Informatik Probleme. Leider liegt zu diesem Gebiet so gut wie keine Literatur vor.

Im Folgenden werden Beispiele aus den Unterrichtsinhalten der einzelnen Naturwissenschaften aufgezeigt, die rechenschwachen Schülern häufig Schwierigkeiten bereiten.

> Informieren Sie die Fachlehrer darüber, dass ein Kind eine Rechenschwäche hat. Nur mit dieser Kenntnis kann er seinen Unterricht entsprechend gestalten und die Probleme des Kindes berücksichtigen.

⇥ Biologie

Obwohl die Biologie nicht zu den so genannten exakten Naturwissenschaften gehört, die stark auf mathematischen Formulierungen beruhen, ist in vielen Themenbereichen mathematisches Verständnis erforderlich. Folgende Beispiele machen dies deutlich:

- ▶ In der **Humanbiologie** soll bei der Errechnung der Herzkreislauffrequenz ermittelt werden, wie viel Blut pro Minute von einem Lesenden oder einem Sporttreibenden durch das Herz gepumpt wird.
- ▶ In der **Genetik** sollen Schüler die Mendelschen Regeln nachvollziehen können. Diese sind eng mit der Erstellung und Deutung von Zahlenverhältnissen verbunden. So stellte Mendel 1865 fest, dass bei der Kreuzung von Erbsen das Zahlenverhältnis zwischen gelben und grünen Erbsen ca. 3:1 beträgt. Dieses Zahlenverhältnis errechnete er auf der Grundlage von 6 022 gelben und 2 001 grünen Erbsen.

Häufige Aufgabenstellungen zu diesem Bereich lauten, dieses Zahlenverhältnis auch bei anderen Beispielen etwa kurzhaarigen und langhaarigen Meerschweinchen zu überprüfen. Dies sind eindeutig Textaufgaben aus dem Bereich des **proportionalen Rechnens**. Solche Textaufgaben sind für Schüler mit einer ausgeprägten Rechenschwäche nur sehr schwer lösbar, insbesondere, wenn ihnen gar nicht klar ist, dass es sich hierbei tatsächlich um Mathematik handelt.

▣ Chemie

In der Chemie werden sehr abstrakte, vom Schüler nicht sicht- und „begreifbare" Sachverhalte und Modelle zur Untersuchung von Stoffen und stofflichen Eigenschaften behandelt. Obwohl eine Reihe von Experimenten Sachverhalte sichtbar machen können, reichen diese nicht aus, um die chemischen Vorgänge vollständig zu visualisieren und zu erklären. Häufige Schwierigkeiten, vor denen rechenschwache Schüler im Chemieunterricht stehen, sind:

- ○ Die Vorstellung, dass Stoffe, die angefasst werden können und scheinbar homogen sind, aus einer riesigen Menge kaum vorstellbarer, kleiner Moleküle bestehen, die wiederum aus vielen Atomen zusammengesetzt sind.
- ○ Die Vorstellung, dass ein Atom aus elektrisch geladenen und neutralen Teilchen besteht, allerdings nicht in der Form, dass diese fest zusammengefügt sind. Vielmehr enthält der vermeintlich feste Stoff sich bewegende Teilchen.
- ○ Die Abbildung chemischer Vorgänge durch Gleichungen (z.B. $2H_2 + O_2 \rightarrow 2\,H_2O$). Hier muss das Kind verstehen, dass sich Stoffe innerhalb eines geschlossenen Systems, dargestellt durch die Gleichung, verändern können, aber die Anzahl der Elemente gleich bleibt.

Insbesondere in der Chemie kommen im Bereich des Formelrechnens neue Zahlen-/Mengenschreibweisen ($O_2 = 2 \cdot O$) sowie Größen und Einheiten (Stoffmenge in mol oder Dichte in kg/m3) hinzu. Neben dem neuen, chemischen Wissen knüpfen sie an vermeintlich voraussetzbares, mathematisches Wissen an. Auch hier gehen Lehrkräfte in der Regel nicht auf eine eventuell vorliegende Dyskalkulieproblematik ein.

⇥ Physik

Obwohl sich das Fach Physik mit eher sichtbaren und leichter nachzuvollziehenden Zusammenhängen des Alltags beschäftigt als die Chemie, treten für
rechenschwache Kinder auch hier massive Probleme auf. Zunächst müssen
Alltagssituationen in einzelne Vorgänge zerlegt werden. Dazu muss das Kind
die Handlung als Summe einzelner Vorgänge wahrnehmen und analysieren
können. Diese lassen sich grafisch oder rechnerisch darstellen. Im Rahmen der
grafischen Darstellung muss das Kind in der Lage sein, zu verstehen, warum
gewisse Einflussgrößen abgebildet werden, während andere Dinge, die ihm aus
eigener Erfahrung für den Vorgang wichtig erscheinen, nicht berücksichtigt
werden. Hierzu ein Beispiel:

- ▶ Ein Kind lässt einen Ball eine abfallende Wiese hinunterrollen. Es weiß,
  dass der Ball umso schneller rollt, je steiler die Wiese ist.
- ▶ Der in dieser Situation beschriebene Sachverhalt wird im Modell als schiefe
  Ebene betrachtet. In der schulüblichen Betrachtung wird dabei die Beschaffenheit des Untergrundes nicht berücksichtigt.
- ▶ Dies deckt sich jedoch nicht mit den Erfahrungen des Kindes. Dies weiß
  implizit, dass der Ball auf einer asphaltierten Straße schneller an Tempo
  gewinnen würde als auf einer Wiese mit gleichem Gefälle.

Im Physikunterricht lernen die Schüler außerdem eine ganze Reihe **neuer
Einheiten** kennen. Beim Rechnen mit unterschiedlichen Einheiten muss das
Kind nicht nur darauf achten, dass es korrekt mit den Zahlen rechnet, sondern
es muss die Einheiten auch eigenständig umrechnen. Dabei kommen auch
schwer vorstellbare Größen ($0,16^{-10}$) oder kombinierte Einheiten (10 m/s) vor.
Schließlich wird in der Physik das **Umstellen von Formeln** besonders häufig
verlangt. Die Formel für elektrische Leistung ($P = U \cdot I$) müssen die Schüler zur
Berechnung der Spannung erst umstellen ($U = P/I$). Auch hier wird einer
Rechenschwäche in der Regel keine Beachtung geschenkt.

→ Informatik

Im Informatikunterricht muss das Kind beim Anwenden von Programmen die Funktionsmechanismen eines Computers beachten. Dazu muss das Kind verstehen, dass ein Computer zwar die kompliziertesten Aufgaben sehr schnell rechnen kann, aber letzten Endes nur zwei Zustände unterscheidet: Strom fließt (1), Strom fließt nicht (0). Dies entspricht dem **dualen Zahlensystem**. Große Probleme bereitet es einem Kind, zu verstehen, wie ein Gerät, das nur zwischen Null und Eins unterscheiden kann, zum Beispiel zwei dreistellige Zahlen addieren kann. Um dies zu begreifen, muss man sich von der Vorstellung des **dekadischen Zahlensystems** lösen. Da aber gerade das Verständnis des dekadischen Zahlensystems eines der Hauptprobleme rechenschwacher Schüler darstellt, ist es nahe liegend, dass das Verständnis weiterer Systeme extreme Schwierigkeiten bereitet. Um den Schritt zu anderen Zahlensystemen (z.B. hexadezimal) überhaupt wagen zu können, muss nämlich zuvor das dekadische Zahlensystem beherrscht werden. Hinzu kommt, dass bei der Lösung einer Programmieraufgabe abstrakte Planungshilfen (z.B. Struktogramme) verwendet werden. Die dort benutzten Begriffe, wie z.B. die **logischen Operatoren** „und" und „oder", werden hier nicht umgangssprachlich verwendet, sondern sind definiert, d.h. es muss verstanden werden, dass es sich um ein Hinzukommen neuer Operationssymbole handelt. Auch dem wird meist keine Aufmerksamkeit beigemessen.

Mit dieser kleinen Auswahl an Beispielen – und es gäbe viele, viele weitere – wollen wir Sie als Leser noch einmal dafür sensibilisieren, wie häufig, und eben nicht nur im Mathematikunterricht, Schüler im Unterricht mit ihrer Rechenschwäche konfrontiert werden. Wie hoch muss unser Respekt vor diesen Kindern sein, wenn wir sehen, dass sie trotzdem in der Regel nicht aufgeben, sondern sich bemühen ihr Bestes zu geben? Sind wir dann nicht verpflichtet, gerade auch bei schwächeren Schülern jeden Lernfortschritt wahrzunehmen und zu loben?

Besondere Lernvoraussetzungen

3

Die Aufgabe der Umgebung ist nicht, das Kind zu formen,
sondern ihm zu erlauben, sich zu offenbaren.

Maria Montessori (1870–1952), italienische Ärztin und Pädagogin

Störungen der Wahrnehmung

Nicht alle Kinder mit einer Rechenschwäche zeigen die im Folgenden beschriebenen Probleme in der Wahrnehmung. Umgekehrt ist der Zusammenhang
ebenfalls nicht zwingend: Auch vorliegende **Wahrnehmungsstörungen** führen
bei Kindern nicht zwingend zu einer Rechenschwäche. Es gibt durchaus Kinder,
die große Schwierigkeiten in der Raum-Lage-Orientierung haben, aber keine
Schwierigkeiten im Rechnen zeigen.

Grundsätzlich können Wahrnehmungsschwächen als ungünstige Start- und
Lernvoraussetzungen gewertet werden. Das Zusammenspiel **mehrerer
Faktoren** ist jedoch dafür ausschlaggebend, ob sich aus solchen Problemen
eine Rechenschwäche entwickelt. Im Folgenden werden wir uns daher mit
denjenigen Wahrnehmungsbereichen beschäftigen, die für das Rechnen lernen
grundlegend sind.

→ Räumliche Orientierung

Die Orientierung im Raum ist eine wichtige
Voraussetzung für das mathematische Lernen.
Nicht umsonst spricht man vom
Zahlenraum. Diesen stellen wir
uns zwar individuell verschieden,
aber dennoch immer räumlich vor.
Die Fähigkeit zur Raumorientierung und auch
die Wahrnehmung der Lage im Raum eignen
sich Kinder Schritt für Schritt an:

1. Die Kinder entwickeln zunächst eine Wahrnehmung für den eigenen Körper,
   das so genannte **Körperschema**. Dazu gehört etwa das Empfinden des
   eigenen Körpers, das Einschätzen der Größenverhältnisse und der
   räumlichen Ausdehnung des Körpers.

2. In einem Schritt der Außenorientierung können sie sich selbst zu bestimmten Gegenständen **positionieren**. Sie lernen beispielsweise, was es bedeutet, wenn sie unter, auf oder vor einem Stuhl sitzen.

3. Auf dieser subjektiven, am eigenen Körper orientierten, Perspektive baut auch unser Links-Rechts-System auf. Denn auch die Unterscheidung von **Links und Rechts**, mit der Kinder in einem Alter von etwa 5–6 Jahren beginnen, kann zunächst nur am eigenen Körper vorgenommen werden.

4. Aussagen, die die Anwendung des Systems auf zwei „**Fremdkörper**" erfordern (*„Mein Bild ist das links neben der Tür."*), werden erst später erlernt.

Kinder, die Schwierigkeiten in der Raumorientierung zeigen, haben oft Angst, sich zu verlaufen. Und tatsächlich schlagen einige auch nach mehreren Wochen noch regelmäßig die falsche Richtung ein, wenn sie die Treppe zu unseren Räumen heraufkommen und landen dann im falschen Gang.

Für manche Menschen bleibt die Raumlageorientierung ein Leben lang schwierig. Wer kennt sie nicht, die Geschichten vom Fahrschüler, der sich ein L und ein R auf die Hand malt, um die Fahrstunden zu überstehen. Ebenso verhält es sich mit der Fähigkeit, Strecken und Größen unabhängig vom eigenen Körper einzuschätzen. Oft sind dabei kleinere Größen und Entfernungen wie Meter oder Zentimeter noch überschaubar. Das Abschätzen von größeren Distanzen oder der Höhe eines Hauses ist jedoch auch für viele Erwachsene keine leichte Übung.

Wichtig für die räumliche Orientierung ist außerdem der **Gleichgewichtssinn**, der uns Rückmeldung über unsere Lage im Raum gibt. Er sichert, dass wir die aufrechte Haltung herstellen und selbst bei Bewegung ein stabiles Sichtfeld aufrechterhalten können. Ist bei einem Kind diese Wahrnehmungsebene gestört, empfindet es ständig so etwas wie **Unsicherheit im Sinne von Instabilität.** Diese Unsicherheit überträgt sich auch sehr leicht auf Lernbereiche und verstärkt dort ein Gefühl von *„Ob das so richtig ist?"*

➡ Visuelle und auditive Figur-Grund-Wahrnehmung

Einigen Kinder gelingt es nur mit viel Anstrengung, **Zahlen in Rechenkästchen** zu schreiben. Oft scheitert schon das Anpassen der Zahl an die Kästchengröße. Es wird über die Begrenzung hinaus geschrieben und Ränder werden nicht eingehalten. Entsprechend herrscht in den Heften ein Chaos, das im wahrsten Sinne des Wortes aus dem Rahmen fällt. Spätestens beim schriftlichen Rechnen führt die **mangelnde Ordnung** auch zu Fehlern. Diese ärgern die Kinder dann in der Regel noch mehr, als die ständigen Ermahnungen der Erwachsenen. Doch selbst diese negativen Konsequenzen führen nicht dazu, dass die Kinder mehr Ordnung in ihr Heft bringen. Warum ist das so?
Wir können uns relativ sicher sein, dass die Kinder die Unordnung **nicht absichtlich** herstellen, etwa um den Lehrer oder die Eltern zu ärgern. Tatsächlich lässt sich feststellen, dass solche Kinder oft Schwierigkeiten in einem besonderen Bereich der **visuellen Wahrnehmung** (= Sehen) haben, der so genannten **Figur-Grund-Wahrnehmung**, die sich folgendermaßen äußern:

- ▶ Dem Kind fällt es schwer, den Überblick auf einem Blatt Papier zu behalten oder überhaupt zu gewinnen, und Figuren vom Untergrund zu unterscheiden.

- ▶ Eltern beobachten, dass ihr Kind enorme Schwierigkeiten mit Suchbildern hat, bei denen eine Einzelheit in einem Wirrwarr unterschiedlicher Dinge gefunden werden soll.

- Auch beim Spiel kann sich eine Schwäche in der Figur-Grund-Wahrnehmung zeigen: Puzzeln erleben die Kinder als anstrengend und vermeiden es darum oft.

- Das Vermeiden potenzieller Übungsfelder im Spiel führt wiederum dazu, dass die sowieso schon wenig ausgeprägte Fähigkeit nicht weiterentwickelt wird und sich die Schwäche damit festigt.

> **Loben Sie das Kind unbedingt sofort, wenn Sie bemerken, dass es etwas tut, was ihm eigentlich schwer fällt! Halten Sie sich mit Kritik zurück – sonst machen Sie den positiven Effekt des Lobes gleich wieder zunichte!**

Probleme in der Figur-Grund-Wahrnehmung können **auch im auditiven Bereich** (= Hören) auftreten. Hier fällt es den Kindern schwer, einzelne Geräusche aus einer Geräuschkulisse herauszuhören. Was das bedeutet, kann sich jeder vor Augen führen, der sich einmal eine Klasse beim Unterricht vorstellt. Völlige Ruhe herrscht niemals: Da gluckert die Heizung, draußen singt ein Vogel oder die Müllabfuhr leert gerade die Tonnen, am Nachbartisch wird eine Ersatztintenpatrone gesucht und ganz vorne steht die Lehrerin und erklärt etwas. Den meisten Schülern bereitet es keine Schwierigkeiten, sich auf die Stimme des Lehrers zu konzentrieren. Für einige stellt es jedoch eine besondere Herausforderung dar. Sie sind akustisch leicht ablenkbar und können ihren Gehörsinn nur schwer auf eine Geräuschquelle ausrichten. Wenn diese Kinder zusätzlich noch weit entfernt vom Lehrer sitzen, werden sie große Schwierigkeiten haben, alles von ihm Gesagte wahrzunehmen.

> **!** Eltern, die ein akustisch sehr leicht ablenkbares Kind haben, sollten ihrem Kind erlauben, Musik beim Hausaufgabenmachen zu hören. Die Musik erzeugt einen regelmäßigen Klangteppich, unter dem andere, ablenkende Geräusche eher verborgen bleiben. Geben Sie diesen Ratschlag an betroffene Eltern weiter!

▶ Zeitliche Orientierung

Eltern, die aufgrund massiver Rechenschwierigkeiten ihrer Kinder zur Beratung kommen, können fast durchgängig Hinweise für eine zeitliche Orientierungs- störung des Kindes nennen. Im Allgemeinen lernen solche Kinder erst sehr spät, die Uhr zu lesen. Eine nicht altersgemäß ausgeprägte Zeitvorstellung äußert sich alltäglich, wenn es darum geht, zeitliche Verabredungen einzuhalten:

- ▷ Aufforderungen, wie *„Ich möchte, dass der Tisch in fünf Minuten auf- geräumt ist!"*, sind für ein solches Kind schwer zu erfüllen, da sie keine Vorstellung davon haben, wie lang fünf Minuten sind.

- ▷ Es passiert dann leicht, dass das Kind bereits mit anderen Aktivitäten beginnt, weil es schätzt, noch genügend Zeit zu haben.

- ▷ Wenn die Mutter dann nach fünf Minuten immer noch das gleiche Chaos auf dem Tisch vorfindet, ist der Stress vorprogrammiert. Er beginnt meist mit Worten, wie: *„Aufräumen sieht bei mir aber anders aus ..."*

Da sich die Eltern nicht vorstellen können, dass das eigentliche Problem des Kindes nicht (nur) beim Aufräumen, sondern bei der zeitlichen Komponente der Aufforderung liegt, wird ihr Verhalten als Faulheit, Unordentlichkeit oder Unzuverlässigkeit gedeutet und ihnen gegenüber auch in den entsprechenden Kommentaren mitgeteilt. Dies stellt eine Belastung für die Eltern-Kind-Bezie- hung dar, die nicht zu vernachlässigen ist.

Wenn es um Zeitdimensionen von wenigen Minuten geht, können Sanduhren eine wichtige Unterstützung bieten. Mit Hilfe der Sanduhr kann sich das Kind Zeit bildlich vorstellen. Wurde beispielsweise vereinbart, dass in fünf Minuten mit den Hausaufgaben begonnen werden soll, kann man zur Visualisierung eine Sanduhr mit einer Durchlaufzeit von fünf Minuten aufstellen. Das Kind kann dann immer wieder überprüfen, wie viel Zeit (in Form von Sandkörnern) noch übrig ist. Wenn es selbst die Vereinbarung überprüfen kann, ist es für das Kind oft leichter, den Beginn der „Arbeitszeit" zu akzeptieren. Es ist dann eher die Uhr als die Mutter, die den Start der Arbeitszeit festlegt – eine Entlastung für beide Seiten.

Im Handel sind sogar kleine Gestelle mit mehreren Sanduhren unterschiedlicher Durchlaufzeit erhältlich. Diese bieten viele Möglichkeiten zum Experimentieren mit der Dimension „Zeit".

➡ Auge-Hand-Koordination und Schreibmotorik

Auch Schwierigkeiten bei der motorischen Koordination können in Zusammenhang mit einer Rechenschwäche stehen. Das **Zusammenspiel von Auge und Hand** muss gut funktionieren, wenn Schüler Ziffern in Rechenkästchen schreiben sollen. Ist dies nicht der Fall, bedeutet es für die Kinder eine große Anstrengung, die Kästchen zu treffen und z.B. beim schriftlichen Rechnen die Zahlen gemäß des Positionssystems untereinander zu schreiben. Gerade unter Zeitdruck gelingt ihnen dies noch weniger. Es kommt zu undeutlich niedergeschriebenen Rechenaufgaben, die dann in der Folge Rechenfehler provozieren.

Ähnlich verhält sich die Problematik, wenn das Kind besondere Schwierigkeiten in der **Schreibmotorik** zeigt. Kraftdosierung und Linienführung sind für solche Kinder eine besondere Herausforderung, die sehr viel Energie kostet.

Eine **unökonomische Stifthaltung**, wie etwa der „Pinzettengriff", verhindert, dass Ziffern in angemessener Form und zügigem Tempo auf das Papier gebracht werden können. Für das Schreiben ist der „Zangengriff" wichtig, bei dem im Vergleich zum Pinzettengriff sowohl der Daumen als auch der obere Zeigefinger gebeugt sind. Nur so können die Finger den Schreibprozess angemessen unterstützen.

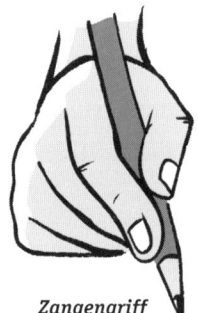

Pinzettengriff   *Zangengriff*

Kinder, die in diesem Bereich Schwierigkeiten zeigen, ermüden schneller oder arbeiten wesentlich langsamer. Sie geben sich Mühe, werden dafür aber nicht belohnt: Die Zahlen sind nach wie vor schwer lesbar. Häufig ähneln sich Ziffern, wie 1 und 7, 5 und 6 oder 6 und 0. Fehler entstehen, wenn mit diesen falschen Zahlen weitergerechnet wird.

Stellt normgerechtes Ziffernschreiben eine besondere Herausforderung für ein Kind dar und resultieren daraus Rechenfehler, muss unbedingt überprüft werden, ob das Kind die Rechnung prinzipiell verstanden hat. Vorschnell zu dem Schluss zu kommen, dass sich hinter den Problemen des Schülers „nur" ein motorisches Problem versteckt, birgt die Gefahr, gleichzeitig vorliegende Rechenprobleme nicht zu erkennen. Sie bleiben dann unnötig lang unter dem **Deckmantel der Schreibmotorikschwäche** verborgen und können nicht gelöst werden.

Gleichzeitig benötigen die Kinder **Hilfe beim Erwerb einer besseren Schreibmotorik.** Je nach Ausprägung der Problematik kann diese in der Schule selbst nicht angemessen gegeben werden. In der Regel ist eine Trennung zwischen den Lerninhalten der Schule und dem Übungsfeld Schreibmotorik notwendig, um beim Kind überhaupt eine Motivation für Veränderungen aufzubauen.

Bei solchen Problemen erweist sich die Aufnahme einer **Ergotherapie** als sinnvoll. Hier wird dem Kind die Möglichkeit gegeben, seine Schreibgewohnheiten ohne Zeit- und Leistungsdruck zu variieren und feinmotorische Kompetenzen zu erwerben. In der Therapie wird dazu in der Regel eine Vielzahl von Spielen eingesetzt. Es sollte jedoch darauf geachtet werden, dass das Kind auch immer tatsächlich korrekt mit dem Stift arbeitet. Sonst gelingt die Übertragung von gewonnenen Fertigkeiten in eine veränderte Schreibhaltung nur schwer.

Achten Sie darauf, dass in Ihrer Spielecke auch solche Spiele vorhanden sind, die die Feinmotorik der Finger und die Auge-Hand-Koordination trainieren. Solche Spiele sind z.B. Jenga, Packesel oder Stapelmännchen.

⇨ Andere Wahrnehmungsbereiche

Auch Schwächen in anderen Wahrnehmungsbereichen können Auswirkungen auf die Ausbildung der mathematischen Grundfertigkeiten beim Kind haben. Der Zusammenhang stellt sich oft nur über Umwege dar und ist darum auch für Eltern oder Lehrer nur schwer nachzuvollziehen. Zum Beispiel reagieren Kinder, deren **Tastsinn** sehr sensibel ist, oft empfindlich auf Berührungen. Das Hantieren mit Spielzeug von spezieller Oberflächenbeschaffenheit wird von

ihnen als unangenehm empfunden und darum vermieden. Dies kann zum Beispiel beim Bauen mit Bauklötzen oder beim Sortieren verschiedener Materialien, wie es im Vorschulbereich häufig angeboten wird, der Fall sein. Dies kann
wiederum dazu führen, dass Kinder bestimmte Erfahrungen etwa mit Mengen
oder der räumlichen Beschaffenheit und Perspektive von gebauten Burgen
nicht im gleichen Maße machen, wie andere Kinder.

Noch einmal soll jedoch betont werden, dass nicht bei allen Kindern, die eine
Rechenschwäche zeigen, auch Defizite in der Wahrnehmung vorliegen. Genauso wenig müssen Wahrnehmungsstörungen zwangsläufig zu einer Rechenschwäche führen.

> Beginnen Sie die Stunden mit einer kurzen Entspannungsübung.
> Entspannungsübungen integrieren die unterschiedlichen
> Wahrnehmungsbereiche und fördern die Konzentration.

Persönlichkeit und Verhalten

Die Wechselwirkungen zwischen Persönlichkeit/Verhalten und der Ausbildung
einer Rechenschwäche sind komplex und vielschichtig. Keineswegs besteht ein
einfacher, linearer oder gar zwingender Zusammenhang. Im Folgenden soll
beispielhaft gezeigt werden, wie bestimmte Verhaltensauffälligkeiten die Probleme rechenschwacher Kinder steigern können:

Kinder mit einer Rechenschwäche machen fast täglich die Erfahrung, dass sie
die beim Rechnen gestellten Anforderungen nicht erfüllen können. Das hat oft
deutlichen Einfluss auf die **Entwicklung des Selbstwertgefühles** und bleibt
nicht allein auf die Mathematik begrenzt. Einige Kinder verallgemeinern ihr

geringes Selbstvertrauen, das sie in Bezug auf das Rechnen haben, und entwickeln daraus eine generelle Misserfolgserwartung: Sie nehmen überdurchschnittlich häufig ihre Misserfolge wahr und bestätigen damit ihr negatives Selbstbild ständig wieder. Erfolge werden dann häufig gar nicht mehr als eigene Leistung angesehen, sondern eher auf äußere Faktoren (Glück, geringe Anforderung in der Arbeit) zurückgeführt. Den Kindern geht damit das Gefühl für ihre Selbstwirksamkeit verloren. Sie glauben nicht mehr daran, dass sie selber etwas zu Erfolg oder Misserfolg beitragen können und erleben sich und ihre Lernentwicklung als fremdbestimmt. Kindern mit einem gestörten Selbstwertgefühl fällt es im Unterricht schwer, sich an – subjektiv – als schwierig empfundene Aufgaben heranzutrauen.

Wie sich die Selbstwertproblematik im **Verhalten** zeigt, kann sehr unterschiedlich sein:

○ Einige Kinder werden **ängstlich und kontaktscheu.** Sie ziehen sich zurück und tauchen in der Klassengemeinschaft förmlich unter. Sie vermeiden es, bei anderen nachzufragen, wenn Schwierigkeiten auftreten. Es gibt auch Kinder, die eine regelrechte Schulangst entwickeln. Das Ursachengeflecht ist hier in der Regel ausgesprochen vielschichtig. Es ist darum notwendig, dass die Lehrkraft sich Beratung durch weitere Fachkräfte sucht, um dem Kind angemessen helfen zu können.

○ Andere Kinder zeigen eher **nach außen gerichtete**, d.h. externalisierende, **Verhaltensweisen**, wie Clownerie oder Aggressivität, und lenken damit von der eigentlichen Problematik ab. Die Lehrkraft kann über die gezeigten Formen störenden Verhaltens kaum hinweggehen und muss sich mit dem Kind und dessen Problemen auseinandersetzen. Es besteht dabei durchaus die Möglichkeit, dass sie auch die Schwierigkeiten im Rechnen aufdeckt.

Aus dieser Perspektive ist externalisierendes Verhalten gesünder als das Rückzugsverhalten, denn bei letzterem bleibt die bestehende Rechenschwäche oft sehr lange unentdeckt. Entsprechende Hilfsmaßnahmen können daher nicht ergriffen werden. Das Risiko externalisierender Verhaltensweisen ist jedoch nicht zu übersehen. Es besteht nämlich die Gefahr, dass die Lehrkraft und andere Erwachsene ihre Aufmerksamkeit allein auf das Verhalten des Kindes richten und dies ausschließlich als Impulsivität oder vorschnell als ADS (Aufmerksamkeits-Defizit-Syndrom) interpretieren. Externalisierendes Verhalten geht häufig mit Konzentrationsproblemen einher. Beim Rechnen führt dies dazu, dass die Dauer, die ein Kind für die Aufgaben braucht, steigt. Mit einem Arbeitspensum, das die meisten Klassenkameraden meistern, sind solche Kinder überfordert und die Lehrkraft steht vor der Aufgabe, das Gleichgewicht der Anforderungen für dieses Kind neu herzustellen.

Schließlich zeigen einige Kinder mit Lernstörungen auch verschiedene **körperliche Symptome**, für die in ärztlichen Untersuchungen kein körperlicher Befund festgestellt werden kann, der die Beschwerden hinreichend erklärt. Man spricht hier von psychosomatischen oder somatoformen Störungen. Sie zeigen sich insbesondere in Bettnässen, Einkoten, Bauchschmerzen, Übelkeit und Erbrechen oder Kopfschmerzen. Werden diese Beschwerden chronisch, ist eine therapeutische Behandlung dringend anzuraten.

> Bitte achten Sie darauf, dass Sie Ihre Kritik am Verhalten eines Kindes nicht in direkten Zusammenhang mit seinen mathematischen Leistungen setzen. Verschonen Sie die Kinder mit Doppelpackungen, wie: *„Wenn du so rumzappelst, ist es kein Wunder, dass das mit dem Rechnen nichts wird."*

Schulische Förderung

Der ist der beste Lehrer,
der sich nach und nach überflüssig macht.

George Orwell (1903–50), englischer Schriftsteller

Offizielle Rahmenvorgaben

Wenn die massiven Rechenschwierigkeiten eines Kindes länger andauern und sich im Laufe der Zeit stabilisieren, muss die Rechenschwäche von schulischer Seite besonders berücksichtigt werden. Dazu sollen im Folgenden zunächst die **offiziellen, ministeriellen Vorgaben** betrachtet werden, bevor Kriterien aufgezeigt werden, anhand derer Sie Übungsmaterial und Mathematikbücher bezüglich ihrer Eignung für rechenschwache Kinder überprüfen können.

In Folge der Kulturhoheit der Bundesländer gibt es in Deutschland keine einheitliche Regelung darüber, wie Probleme, die durch eine Rechenschwäche entstehen, in der Unterrichtsorganisation und der Leistungsbeurteilung berücksichtigt werden sollen.

> Im Bereich der „Lese-Rechtschreib-Schwäche" (LRS) verabschiedete die Kultusministerkonferenz (KMK) 1978 einen ersten Beschluss, der Grundsätze zur Förderung der betroffenen Schüler beschrieb und Empfehlungen zu Fördermaßnahmen sowie zur Leistungsfeststellung und -bewertung enthielt. Daraufhin wurden in einigen Bundesländern Erlasse oder Richtlinien erarbeitet, die sich an den Empfehlungen der KMK orientierten.

Für den Bereich der Rechenschwäche gab es bisher leider keine vergleichbare Empfehlung. Im Vorfeld der Veränderung der KMK-Grundsätze im Dezember 2003 hatte es zwar eine Diskussion darüber gegeben, ob auch die Förderung bei Rechenschwäche mit einzubeziehen sei – eine Einigung konnte jedoch nicht erzielt werden. Die Vertreter einiger Bundesländer begründeten ihre ablehnende Haltung mit fehlenden abgesicherten wissenschaftlichen Erkenntnissen in Bezug auf die Rechenschwäche.
In der Lehreraus- und -fortbildung findet die Rechenschwäche unserer Erfahrung nach vermehrt Beachtung. Dies hat sich bisher leider kaum in ministeriellen Dienstanweisungen niedergeschlagen.

Im Anhang (S. 104) haben wir für Sie die Regelungen der verschiedenen Bundesländer zusammengestellt. Die Übersicht basiert auf den offiziellen Erlassen, Verordnungen und Rahmenrichtlinien. Über die Praxis der Umsetzung insbesondere in Bezug auf die Gewährleistung der erforderlichen personellen und zeitlichen Ressourcen sagt dies jedoch nichts aus. Es ist aber von einer starken Brandbreite innerhalb eines Bundeslandes auszugehen.

Die in weiten Teilen als unzureichend bewertete Erlasslage führt bei Lehrern zu großer **Unsicherheit im praktischen Vorgehen.** So sind die Schüler von der mehr oder weniger großzügigen Auslegung einzelner schulischer Entscheidungsträger (Klassenlehrer, Klassenkonferenz, Rektor) abhängig. Um ein extremes Beispiel zu nennen: Uns ist ein Mädchen mit diagnostizierter Rechenschwäche bekannt, das im Realschulabschlusszeugnis einen Notendurchschnitt von 2,6 hatte, aber aufgrund einer Sechs in Mathematik zunächst keinen Abschluss bekam. Zum Glück lenkte die Schulbehörde nach intensiven Bemühungen durch die Eltern ein, sodass die Schülerin doch noch einen Abschluss bekam.

Auf unseren Vorträgen zu Lernschwächen spielt das Stichwort „**Nachteilsausgleich" bei Lernschwächen** immer wieder eine große Rolle. Der Nachteilsausgleich basiert auf dem Artikel 3, Absatz 3, Satz 2 des Grundgesetzes: „Niemand darf wegen seiner Behinderung benachteiligt werden."

Ein Nachteilsausgleich kann beispielsweise bei einer nachgewiesenen **Lese-Rechtschreib-Schwäche** geltend gemacht werden:

- In einigen Erlassen und Verwaltungsvorschriften wird Lehrern dabei der Spielraum eingeräumt, von einer Beurteilung schriftlicher Leistungsnachweise durch Noten abzusehen und sie durch eine verbale Rückmeldung zu ersetzen.

 Die mündliche Beteiligung im Unterricht wird dann stärker gewichtet. Oft können die Schüler in diesem Bereich auch gute Leistungen zeigen, weil es im Lehrstoff des Deutschunterrichts immer auch Gebiete gibt, bei denen Lese- oder Rechtschreibleistungen eine untergeordnete Rolle spielen.

Für **Kinder mit einer Rechenschwäche** gibt es keinen Nachteilsausgleich wie bei der Lese-Rechtschreib-Schwäche. Tatsächlich ist auch die Lage in Bezug auf das Ausgleichen der Schwäche durch mündliche Beteiligung schwieriger, wenn nicht sogar unmöglich:

 In der Mathematik baut der Lernstoff relativ stringent aufeinander auf. Kinder, die bestimmte Schritte noch nicht nachvollzogen haben, können irgendwann den Anschluss an die gestellten Anforderungen nicht mehr erreichen. Von dem, was im Unterricht thematisiert wird, verstehen sie nichts und können entsprechend auch nichts zum Unterrichtsgeschehen beitragen.

 Viele Kinder mit einer Rechenschwäche finden sich täglich in der Situation, dass sie keinerlei Aussicht auf Erfolg oder auch nur Mitarbeit sehen.

Geeignete Materialien

Grundsätzlich ist es schwierig, eindeutige Aussagen zu geeigneten Materialien zu machen. Bayern und Nordrhein-Westfalen zeigen nach den letzten Ergebnissen der PISA-Studie[5] im Bereich der Rechenleistung die besten Ergebnisse. Man sollte dementsprechend annehmen können, dass diese Bundesländer den erfolgreichsten Mathematikunterricht machen. Aber auch in diesen Bundesländern gibt es verschiedene Schulbücher und unterschiedliche Auffassungen darüber, wie das Rechnen vermittelt werden sollte. Uns sind keine Studien bekannt, in denen die **Erfolge unterschiedlicher Mathematiklernmethoden** umfassend ausgewertet und miteinander verglichen werden. Wir können uns

---

[5] *PISA = Programme for International Student Assessment;*
  Erhebungszyklen: 2000, 2003, 2006;
  z.B. http://pisa.ipn.uni-kiel.de

also in den folgenden Ausführungen nicht auf wissenschaftliche Belege stützen und argumentieren auf der Grundlage der Beobachtungen und Erfahrungen, die wir im Rahmen unserer Arbeit nach dem integrativen Ansatz gemacht haben.

Grundsätzlich sollte im Mathematikunterricht darauf geachtet werden, Visualisierungsmaterial zu benutzen oder auch mit den Schülern selbst herzustellen. Das können z.B. folgende Möglichkeiten sein:

- ein Zahlenstrahl, der groß an eine Wand im Klassenzimmer gehängt wird,
- eine Tabelle mit den aktuell verwendeten Einheiten,
- ein Tortendiagramm („Kuchen"), das in Teile geteilt ist oder
- eine Gegenüberstellung von Prozent- und Dezimalzahlen und vieles mehr.

Bei der Materialauswahl sollte selbstverständlich beachtet werden, dass **Arbeitsblätter klar und übersichtlich** sind. Auf Illustrationen, die vom eigentlichen Lerngegenstand ablenken, sollte verzichtet werden. Natürlich sollte auch die Kopierqualität sehr hoch sein. Wie soll ein Schüler seine Aufgaben richtig lösen, wenn er sie schon objektiv nicht richtig lesen kann oder Schwierigkeiten hat, sie aus einem Gewimmel von Bildern und Verzierungen heraus zu sehen?

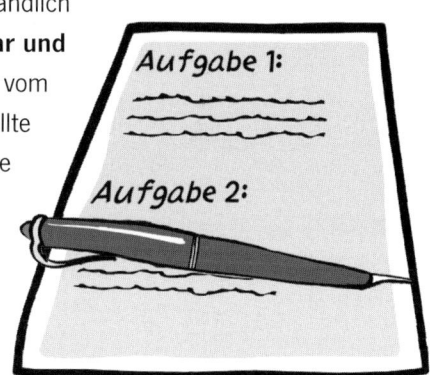

Übersichtlichkeit bedeutet auch, dass bei der **Einführung eines Themas** nur dieses eine Thema behandelt wird. Arbeitsblätter mit Mischaufgaben sollten nur an Schüler gegeben werden, die die Rechenanforderungen bereits erfüllen.

Ebenso wichtig für die Übersichtlichkeit ist es, dass möglichst **einheitliches Material** verwendet wird. Werden zu viele verschiedene Materialien und damit unterschiedliche Erklärungsmodelle angeboten, führt das für die Kinder nicht unbedingt zu mehr Klarheit. Es ist günstiger, sich auf wenige Zugänge und Materialien zu begrenzen und diese dafür ausführlich trainieren zu lassen. Damit diese Kontinuität auch über die Schuljahre hinweg gegeben sein kann, ist es sinnvoll, Material zu bevorzugen, das sich auch für die Darstellung **größerer Mengen** eignet. Ein solches Mittel ist beispielsweise der Rechenzug nach Prof. Dr. R. Kutzer oder Montessori-Material.

Soweit möglich sollten Fehler direkt korrigiert werden, damit sich die Kinder nichts Falsches einprägen. Darum ist es gut, wenn die Materialien eine Möglichkeit zur **Selbstkontrolle** bieten. Einige Verlage bieten entsprechendes Fördermaterial an. Sind Schüler erfahren im Umgang mit dem Taschenrechner, kann auch dieser zur Kontrolle genutzt werden.

Materialien mit Selbstkontrolle oder der Taschenrechner können jedoch nur dann Erfolg versprechend eingesetzt werden, wenn es Ihnen als Lehrkraft gelingt, eine **Lernatmosphäre zu schaffen, in der Fehler erlaubt** und nicht um jeden Preis zu vermeiden sind. Haben Kinder Angst vor Fehlern oder fürchten sie negative Sanktionen, werden sie bei der Bearbeitung von Materialien mit Selbstkontrolle die vielfältigsten Schummelstrategien entwickeln. Diese oft kreativen Leistungen der Schüler zum Verheimlichen von Fehlern und die von der Lehrkraft zu entwickelnden Gegenmaßnahmen ziehen unnötig Energie vom eigentlichen Lerngegenstand Rechnen ab. Dies zeigt einmal mehr, dass die Qualität von Material nie unabhängig davon beurteilt werden kann, wie, von wem und in welchem Umfeld es eingesetzt wird.

Neben den genannten Punkten sollten Sie Ihre Materialien auch kritisch auf die folgenden **Übel** überprüfen, **die rechenschwachen Kindern das Verständnis erschweren:**

▶ Die Gegenüberstellung von ähnlichen Zahlen z.B. 49 und 94 sollte vermieden werden. Nach der so genannten Ranschburgschen Hemmung führen nämlich ähnliche Schreibweisen in Gegenüberstellung zu einer Erhöhung der Fehlerhäufigkeit.

○ Ebenso sollten die Schüler nicht mit Umkehraufgaben oder Ergänzungsaufgaben konfrontiert werden, solange die einzelnen Aufgabentypen noch nicht ausreichend gesichert sind.

○ Die beiden letzt genannten Aufgabentypen werden von rechenschwachen Schülern nicht als „Probe" sondern als völlig neue Aufgabenstellung wahrgenommen.

Einige Kinder mit Schwächen im Rechnen verstecken ihre Unwissenheit häufig hinter einem „Geschmiere", indem sie die Zahlen ohne Beachtung von Rechenkästchen auf das Papier kritzeln. Versuchen Sie dem entgegenzusteuern, indem Sie großen Wert darauf legen, dass die Ziffern korrekt in die Rechenkästchen geschrieben werden. Dies hilft auch guten Rechnern bei der Strukturierung von Aufgaben und der Vermeidung von Flüchtigkeitsfehlern. Wichtig ist es auch, immer wieder kleine Wiederholungsschleifen in den Unterricht einzubauen, um bereits Erlerntes zu sichern. Scheuen Sie sich nicht, auch in höheren Klassen immer wieder einmal fünf Minuten das 1x1 zu wiederholen. Nur so kann sich dauerhaftes Wissen festigen und eine Automatisierung stattfinden.

Abschließend noch eine Bemerkung zur Ihrem Umgang mit den **Arbeitsergebnissen der Schüler:** Es kann kaum überschätzt werden, wie wichtig es ist, insbesondere bei rechenschwachen Schülern, auch die kleinsten Lernfortschritte explizit zu loben. Nur dies baut Zutrauen in die eigenen Fähigkeiten auf, drängt Ängste zurück und schafft so die Motivation, sich dem Rechnen lernen wieder zuzuwenden. Würdigen Sie also auch bei noch sehr fehlerhaften Ergebnissen die Anstrengungsbereitschaft und die Bemühungen des Schülers. Leistungsnachweise, in denen alles mit einem roten „f" angestrichen ist und die möglicherweise auch noch mit dem Kommentar *„Du musst dich mehr anstrengen!"* versehen sind, helfen dem Schüler nicht,

es beim nächsten Mal besser zu machen. Sie tragen lediglich zur weiteren
Frustration und Misserfolgserwartung bei.

> Erstellen Sie sich eine Checkliste zu den Punkten, die Ihnen
> bei der Materialauswahl wichtig sind bzw. die Ihnen nach der
> Lektüre dieses Kapitels aufgefallen sind.

Das Mathematikbuch

Unsere Beurteilung der Mathematikbücher insbesondere im Primarbereich
liefert eine traurige Bilanz. Eigentlich kann aus der Perspektive rechenschwacher Kinder kein uns bekanntes Werk ohne Einschränkung empfohlen werden.
Wünschenswert wäre es, wenn Mathematikbücher grundsätzlich vom Leichten
zum Schweren aufgebaut wären. Folgende **Kriterien** sollten Mathematikbücher
jedoch grundsätzlich erfüllen, damit sie auch bei rechenschwachen Kindern
sinnvoll eingesetzt werden können:

- Die **Gliederung des Mathematikbuches** sollte unbedingt transparent für
  die Kinder sein. So haben sie eher präsent, was gerade Thema ist, und
  können ihr Buch gegebenenfalls auch als Nachschlagewerk benutzen.
- Prinzipiell sollte **bei der Einführung zunächst nur <u>eine</u> Rechenart**
  möglichst einfach, klar und deutlich behandelt werden. Auf ein unnötiges
  Hin-und-her-Springen zwischen den verschiedenen Rechenbereichen sollte
  verzichtet werden. Für die ersten Klassen hieße das, dass zunächst nur
  Additionsaufgaben ohne Zehnersprung und erst dann Additionsaufgaben
  bis 20 mit Zehnersprung eingeführt werden. Erst wenn der Additionsbereich
  gesichert ist, sollte der Rechenvorgang der Subtraktion eingeführt werden –
  auch dort erst ohne und dann mit Zehnersprung. Nach zahlreichen Übungen können dann Mischaufgaben aus Addition und Subtraktion folgen.

Im Anschluss sollten auf deutlich gekennzeichneten Seiten Zusatzaufgaben für gute Rechner präsentiert werden.

- Bei **Sachaufgaben** sollte darauf geachtet werden, dass ein realistischer Zusammenhang zwischen der Aufgabenstellung und den kindlichen Lebenserfahrungen besteht. Buchhalterische Begriffe wie Soll und Haben oder Skonto beim Barkauf sind in ihrer Bedeutung keineswegs selbstverständlich für Kinder oder Jugendliche.

- Gerade **beim Erstrechnen** sollte zunächst die Frage bei der Aufgabenstellung dabeistehen. Das Herleiten der Frage bedeutet für viele Kinder noch eine Überforderung im kreativen Denken. Es kann auch eine Form der Binnendifferenzierung sein, einigen Kindern die Fragen vorzugeben und andere die Fragen herleiten zu lassen.

Im Folgenden werden wir exemplarisch einige Mängel in Mathematikbüchern vorstellen, die uns immer wieder begegnen und mit denen Sie in Ihrem Unterricht aufmerksam umgehen sollten.

➡ Vernachlässigung des Zahl- und Mengenbegriffs in der Eingangsstufe

Es kann nicht grundsätzlich davon ausgegangen werden, dass allen Kindern der Unterschied zwischen **Ziffer und Zahl** und somit auch das Verhältnis von Zahl zu Menge selbstverständlich ist, wenn sie in die Schule kommen. Diese mathematische Basis, die für den weiteren Rechenerwerb grundlegend ist, wird in den Rechenbüchern jedoch in der Regel vorausgesetzt. Es wird beim Rechnen sofort mit Zahlen begonnen. Dabei wird den Kindern jedoch nicht verdeutlicht, dass Ziffern auch zur Benennung von Dingen, z.B. Hausnummern oder Bussen dienen und nichts mit einer konkreten Anzahl von Dingen zu tun haben müssen (ordinaler Zahlaspekt; vgl. S. 12).

Auch wird nicht darauf eingegangen, dass **Zahlen immer die verkürzte Darstellung einer Menge** sind. Die Verdeutlichung des Zusammenhangs zwischen Menge und Zahl, der unveränderlich ist, kommt so oft zu kurz:

Fünf Steine bleiben fünf Steine – egal, ob sie am Strand liegen oder auf einem Tisch und auch unabhängig davon, ob sie groß oder klein sind.

Kindern, denen die Basis des Rechnens fehlt, wird in solchen Mathebüchern keine Möglichkeit gegeben, sich diese Grundlagen zu erarbeiten. Bereits die ersten Seiten überschreiten ihren Wissensstand.

➡ Hundertertafel/Rechenhaus versus Zahlenstrahl

Beim **Zahlenstrahl** sind die Abstände der Zahlen im Verhältnis zueinander immer offensichtlich. Dieser Anforderung wird die gern benutzte **Hundertertafel** nicht gerecht.

1	2	3	4	5	6	7	8	9	10
11	12	13	14	15	16	17	18	19	20
21	22	23	24	25	26	27	28	29	30
31	32	33	34	35	36	37	38	39	40
41	42	43	44	45	46	47	48	49	50
51	52	53	54	55	56	57	58	59	60
61	62	63	64	65	66	67	68	69	70
71	72	73	74	75	76	77	78	79	80
81	82	83	84	85	86	87	88	89	90
91	92	93	94	95	96	97	98	99	100

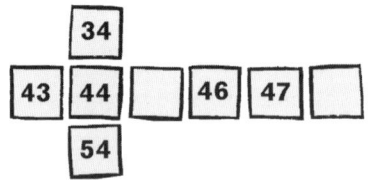

Die dem Verhältnis der Zahlen untereinander entsprechenden Abstände sind völlig unklar. Die Eins ist von der Zwei genauso weit weg wie die 11.

Die lineare Zahlenfolge und die damit verbundene zunehmende oder abnehmende Menge bleiben unberücksichtigt. Ein Kind, das sich in der Hundertertafel sicher auskennt, stellt damit eher gute visuelle als gute mathematische Fähigkeiten unter Beweis. Ähnliches gilt für das Rechnen lernen mit dem **Zahlenhaus**.

Der **Zahlenstrahl** bietet dagegen wesentlich bessere Möglichkeiten zur visuellen Verdeutlichung mathematischer Zusammenhänge.

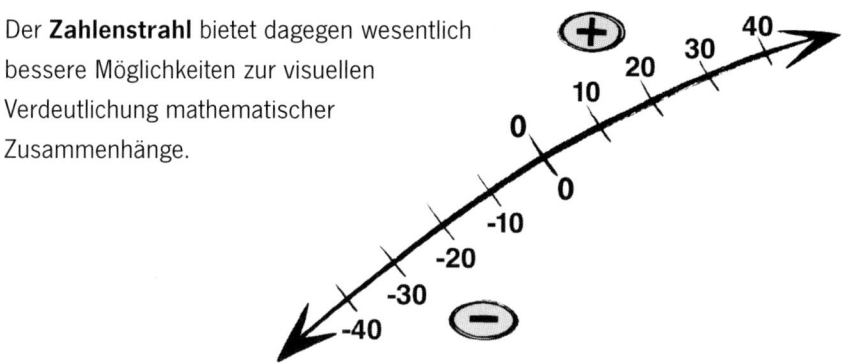

Eindeutig vergrößert sich hier die Menge nach rechts und verringert sich nach links. Mit der Markierung der Null gelingt es auch mathematikschwachen Kindern wesentlich besser die negativen Zahlen zu erfassen und zu erkennen, dass größere Zahlen mit einem Minus davor sozusagen „mehr Schulden" bedeuten. Die Rechenaufgabe −5 + 2 = −3 bekommt unter der Berücksichtung der Richtungsverschiebung endlich Sinn. Noch deutlicher wird es, wenn die Zahlen in den positiven Bereich gehen. Dass −3 + 5 = 2 ist, kann am Zahlenstrahl gut nachvollzogen werden. Diese Begründung verstehen die Kinder auch gut am Beispiel von Schulden: Hat jemand 3 € Schulden und bekommt von einem anderen selber 5 € Schulden zurück, dann bleiben ihm 2 €, nachdem er seine eigenen Schulden (3 €) zurückgezahlt hat. Diese Zusammenhänge leuchten den Kindern am Zahlenstrahl besser ein.

> Kleben Sie einen Zahlenstrahl an die Wand des Klassenzimmers und/oder auf den Tisch der Kinder.

▣ Verstöße gegen das didaktische Prinzip „Vom Leichten zum Schweren"

Grundsätzlich sollten Mathematikbücher vom Leichten zum Schweren aufgebaut sein und zunächst nur eine Art der Rechenoperation pro Buchseite
beinhalten. Denn nur so kann Neues für rechenschwache Kinder übersichtlich
vorgestellt werden. Rechenschwache Kinder können dies dann in einer aus-
reichenden Menge an Übungen vertiefen, während rechenstarke Kinder in
den nächsten Schritten an – durchaus auch komplexe – Anwendungen
herangeführt werden. Die gängigen Schulbücher, die Mischaufgaben oder
Anwendungen zu früh einführen, vergeben diese Chance auf mehr Klarheit
für rechenschwache Kinder und provozieren bei ihnen eine immer wieder
folgenreiche Verwirrung.

> Loben Sie auch kleine Lernschritte und die Anstrengungsbereit-
> schaft von Kindern, die sich beim Rechnen besonders schwer
> tun. Die Bedeutung des Lobs kann nicht oft genug erwähnt
> werden.

▣ Unmittelbar angewandte Mathematik

Neben der verfrühten Einführung von Mischaufgaben ist an vielen Mathematikbüchern zu bemängeln, dass sie gar nicht in Bereiche angewandter Mathematik einführen, sondern vieles einfach voraussetzen. Beim Rechnen mit Wochen-
tagen wird erwartet, dass die Kinder sofort wissen, dass hier die 7er-Reihe
relevant ist. Dieses Wissen bringen aber einige Schüler, darunter auch solche,
die keine ausdrückliche Rechenschwäche haben, nicht selbstverständlich mit.
Auch alte Mengen- und Massenbezeichnungen wie Dutzend oder Pfund sollten
unbedingt ausdrücklich erklärt werden. Günstig sind hier Tabellen, in denen die
Kinder immer wieder Maßeinheiten und Umrechnungen nachschlagen können.

> Lassen Sie die Kinder eine eigene Übersichtstabelle für (weniger gebräuchliche) Einheiten erstellen und sie in das Mathematikbuch legen. Die Tabelle kann auch eine einfache Beispielaufgabe zum Umrechnen enthalten. Von dieser können die Kinder dann auf andere Aufgaben schließen.

Das Klassenscreening

Mittlerweile gibt es einige gut entwickelte, zum Teil standardisierte und verifizierte Tests zur Überprüfung des mathematischen Leistungsstandes einer gesamten Klasse (Klassenscreening). Bei manchen Tests ist es möglich, über den Leistungsstand der Klasse hinaus, die qualitativen Fehler der Klasse oder eines einzelnen Schülers festzustellen. Die Tests sind über den Buchhandel oder die Göttinger Testzentrale (www.testzentrale.de) zu beziehen.

Nicht alle Rechentests sind dazu geeignet, im Einzelfall eine Dyskalkulie zu diagnostizieren. Dennoch können die rechenschwachen Kinder – neben der Ermittlung des allgemeinen Leistungsstandes der Klasse – frühzeitig erkannt werden, sodass mit ihrer gezielten Förderung begonnen werden kann.

> Der zurzeit am häufigsten genutzte Test zur diagnostischen Feststellung einer Dyskalkulie ist der „ZAREKI". Das Testergebnis muss jedoch immer in Bezug zu einem allgemeinen Intelligenztest gesetzt werden, um eine endgültige Aussage über Dyskalkulie treffen zu können. Da die in diesen unterschiedlichen Tests ermittelte Diagnose Voraussetzung für die mögliche Genehmigung einer Jugendhilfemaßnahme ist, müssen sie auf jeden Fall außerschulisch durchgeführt werden.

Bei der Auswahl der folgenden Tests stellen die Autorinnen keinen Anspruch auf Vollständigkeit, sondern stellen diejenigen Tests vor, mit denen sie in der Praxis gute Erfahrungen gemacht haben.

> **!** Der beste Zeitpunkt für ein Klassenscreening zur Feststellung einer Rechenschwäche ist das Ende der zweiten Klasse.

→ Deutscher Mathematiktest (DEMAT)

> Die Abkürzung **DEMAT** steht für „Deutscher Mathematiktest". Der DEMAT liegt für die Klassenstufen eins bis sechs vor. Er wurde für den Schulalltag entwickelt und genügt den Rahmenrichtlinien bzw. Lehrplänen aller deutschen Bundesländer. Getestet werden können Mathematikleistungen einzelner Schüler sowie ganzer Klassen.

Obwohl der DEMAT im unteren Leistungsbereich gut differenziert, ist er, nach Aussagen seines Entwicklers Dr. Harald Marx, kein eindeutiger **Dyskalkulie-test**[6]. Er kann jedoch neben anderen Tests im diagnostischen Prozess einge-setzt werden. Die einzelnen DEMAT-Tests wurden schuljahresbezogen entwi-ckelt und entsprechend benannt:

◉ Der DEMAT 1+ ist z.B. für Schüler am Ende der ersten Klasse bzw. zu Beginn der zweiten normiert. Mit dem DEMAT 4 kann die mathematische Kompetenz von vierten Klassen überprüft werden.

---

[6] *Zitat von Harald Marx 2003 in einem Vortrag in Würzburg,*
www.psychologie.uni-wuerzburg.de/i4pages/html/demat.html

▶ Bei der Testzentrale sind bisher die Mathematiktests DEMAT 1+ bis 4 erhältlich. DEMAT 4 ist seit 2006 in Anwendung. DEMAT 5+ und 6+ sind in Planung.

Dem Aufbau des DEMAT liegt die **Schnittmenge der Lehrpläne aller deutschen Bundesländer** für die jeweilige Klassenstufe zugrunde. So ist auch das bundesweite Erfassen von Bildungsstandards möglich. Ab der fünften Klasse gibt es in Deutschland keine Einheitlichkeit der Lehrpläne in den Bundesländern. In einigen Bundesländern gibt es einen Lehrplan für alle Schulformen, in anderen wurde für jede Schulform ein eigener Lehrplan erstellt. DEMAT 5+ und DEMAT 6+ gelten jedoch für alle Schulformen. Um den unterschiedlichen Leistungsanforderungen gerecht zu werden, gibt es neben dem fünfteiligen Basistest einen sechsten Zusatztest für Gymnasien und Gesamtschulen.

Auffallend ist, dass beim DEMAT 1+ bis 3+ Jungen signifikant besser abschneiden als Mädchen. Sie haben scheinbar einen großen mathematischen Vorsprung. Darum liegen auch **geschlechtsspezifische Normierungen** vor. Ab DEMAT 4 gleichen sich die Leistungen von Jungen und Mädchen an.

➤ Heidelberger Rechentest für die Klassen 1 bis 4 (HRT1-4)

Der HRT kann als Gruppen- und als Einzeltest verwendet werden. Die Testinhalte sind weitgehend sprachfrei und nicht auf den Lehrplan ausgerichtet. Damit werden die mathematischen Kompetenzen international und weitgehend unabhängig von den Sprachkenntnissen des Getesteten ermittelt. Bei der Entwicklung des **HRTs** wurde Wert auf leichte Durchführbarkeit gelegt. Daher ist für die Durchführung wenig Vorbereitungszeit notwendig.

Die **Aufgabenfolge** entspricht dem Prinzip vom Leichten zum Schweren. Für jeden Aufgabentyp gibt es eine eigene Seite. Alle Aufgaben sollen den Schülern in Ruhe und mit viel Zeit erklärt werden. Außerdem sind die Kinder darauf hinzuweisen, dass sie nicht alle Aufgaben schaffen müssen. Alle zwölf Seiten des Tests können in einer Schulstunde durchgeführt werden.

Die **Testwerte** korrelieren in hohem Maße mit der Schulnote im Fach Mathematik und den Ergebnissen beim DEMAT 4. Sprachheilschüler schneiden ca. eine Note unter Regelschülern ab, Förderschüler liegen ca. zwei Noten darunter.

➡ Fehlerursachenanalyse nach Leutenbauer

Leutenbauers Buch „Leichtsinnsfehler oder Rechenschwäche"[7] ist ein differenziertes Werk zur Fehleranalyse in der Grundschule. Der Autor hält eine **Neuorientierung im Mathematikunterricht** für erforderlich. Nach seiner Überzeugung sollten kreative Lösungsansätze Vorrang vor einem rein verfahrensorientierten Unterricht erhalten.

Leutenbauer gibt einen differenzierten Überblick über unterschiedliche Fehlerursachen und Fehlerarten, insbesondere zur Addition und Multiplikation, zu Platzhalteraufgaben, Sachaufgaben sowie zu geometrischen Aufgaben. Der von ihm entwickelte **Test** ist einfach durchzuführen und gibt sowohl einen qualitativen als auch quantitativen Überblick über das Rechenvermögen einer Klasse.

Die **Analyse der Fehlerursachen** ist laut Leutenbauer die Voraussetzung für eine gezielte Förderung. Der Autor gibt vielfältige Übungshinweise zu den einzelnen Aufgabenbereichen und damit auch zur Vermeidung von Rechenschwächen.

---

[7] *Leutenbauer, H., 2002*

→ Zahlen begreifen (Moog und Schulz)

Bei dem Werk „Zahlen begreifen" von Moog und Schulz handelt es sich um ein standardisiertes Verfahren zur Förderung (Teil 1) und Diagnose (Teil 2) von einzelnen rechenschwachen Kindern im Anfangsunterricht.

Zum Klassenscreening ist das Werk jedoch nicht geeignet. Stellen Sie als erfahrene Lehrkraft fest, dass einige Kinder Ihrer Klasse sich beim Erlernen des Rechnens schwer tun, bieten Ihnen Moog und Schulz jedoch ein Instrumentarium zur Überprüfung Ihrer Vermutung. Das Werk besteht aus **zwei Teilen:**

- Der **erste Teil** ist das Dortmunder Zahlenbegriffstraining (ZBT). Dies wurde speziell für rechenschwache Grund- und Sonderschüler entwickelt. Es beschäftigt sich mit dem Bereich der grundlegenden Rechenfähigkeiten und ist in **drei Stufen** unterteilt. Die erste Stufe trainiert und automatisiert Zähl- und Abzählfertigkeiten. Die zweite beschäftigt sich mit Mengen- und Zahlrelationen sowie mit Mengenoperationen und die dritte Stufe dient der Vertiefung: Die bisherigen Lerninhalte werden auf numerische Additionsaufgaben angewandt.

- Der **zweite Teil** ist ein Rechentest für die Eingangsstufe. Der Test ist als Einzeltest konzipiert und zur Diagnostik von Kindern geeignet, die im numerischen Bereich noch Anschauungsmaterial benötigen bzw. keine sichere Zahlenraumvorstellung entwickelt haben. Der Testaufbau entspricht dem Aufbau des ZBT und ist in drei Untertests aufgeteilt: Zähl- und Abzählfertigkeiten, Mengen- und Zahlrelationen sowie Mengenoperationen und schließlich numerisches Rechnen.

Außerschulische Förderung

Die Kunst, zu ermutigen, ist eine der Möglichkeiten
aufmerksamer Nächstenliebe.

Léon-Joseph Suenens (1904–1996), belgischer Theologe und Kardinal

Individuelle außerschulische Förderung

Liegt eine schwerwiegende Rechenschwäche vor, ist außerschulische Förderung für ein Kind oder einen Jugendlichen unerlässlich. Den entscheidenden Hinweis, ob dies bei einem Kind angezeigt ist, leitet die Lehrkraft aus der **Analyse der Lernfortschritte im Förderprozess** ab. Führen die in der Schule angebotenen Differenzierungs- und Förderangebote nicht dazu, dass das Kind erkennbare Fortschritte im Erwerb der grundlegenden Rechenstrategien macht, sollte möglichst bald außerschulische Hilfe eingeleitet werden. Damit diese für das Kind auch hilfreich sein kann, bedarf es guter Kooperation und viel Transparenz zwischen der Lehrkraft, die das Kind in der Schule betreut, und der Person, die die außerschulische Förderung durchführt.

Die Bezeichnung „**Lerntherapeut**" ist rechtlich nicht geschützt. Sie allein verrät noch nicht, nach welchen Ansätzen gearbeitet wird. Dies kann in der Praxis tatsächlich auch sehr unterschiedlich sein. Wir werden im Folgenden insbesondere den von uns bevorzugten **Ansatz der „Integrativen Lerntherapie"** vorstellen. Im Anschluss daran werden die rechtlichen Bestimmungen zur Finanzierung einer Lerntherapie erläutert.

> Informationen über fachlich qualifizierte Lerntherapeuten in Ihrer Gegend erhalten Sie über den „Bundesverband für Legasthenie und Dyskalkulie", die „Initiative zur Förderung rechenschwacher Kinder" und den „Fachverband für integrative Lerntherapie". Eine Zusammenstellung der Adressen finden Sie im Anhang.

Bevor wir einige, wichtige Prinzipien der Integrativen Lerntherapie erläutern, möchten wir diese Maßnahme deutlich von einer **Nachhilfe** abgrenzen:

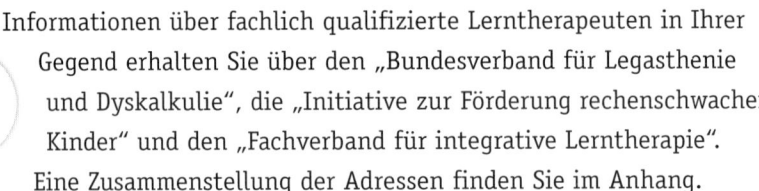

- Bei einer Nachhilfe bekommen Schüler die Gelegenheit, die Inhalte des aktuellen Mathematikunterrichts zu wiederholen, zu üben und Verständnisfragen zu stellen.
- Dies führt bei einigen Kindern zu mehr Sicherheit und somit auch zu mehr Erfolgen.
- Eine Nachhilfe kann sinnvoll sein, wenn ein kleiner, mathematischer Problembereich deutlich umrissen werden kann oder die Rechenprobleme auf eingrenzbare Ursachen zurückzuführen sind, wie längere, krankheitsbedingte Fehlzeiten oder einen Schulwechsel.
- Der Anschluss an den Unterricht sollte dann nach ca. einem halben Jahr gegeben sein.

An den Bedürfnissen von Kindern mit einer Rechenschwäche gehen die **Möglichkeiten der Nachhilfe** jedoch vorbei. Für sie ist es nämlich dringend notwendig, dass durch qualifizierte Diagnostik zunächst ihr **tatsächlicher Lernstand** festgestellt wird und sich die Auswahl der Förderinhalte streng daran orientiert. Das bedeutet in der Praxis häufig, dass in einer Lerntherapie an Inhalten gearbeitet wird, die den ersten beiden Klassenstufen entsprechen, selbst wenn der Jugendliche schon die weiterführende Schule besucht. Liegt eine Rechenschwäche vor, ist diese Festigung der grundlegenden Inhalte unbedingt notwendig, denn nur so wird es dem Schüler möglich werden, dem Mathematikunterricht auch weiterhin zu folgen.

Auch zur **Stärkung der psychosozialen Entwicklung** rechenschwacher Schüler trägt der Nachhilfeunterricht meist nicht im erforderlichen Maße bei, da der speziellen Förderung dieses Bereiches konzeptionell keine Zeit eingeräumt wird. Außerdem sind die Personen, die die Nachhilfe durchführen, dazu in der Regel kaum ausgebildet.

Ohne die **Vermittlung von Erfolgserlebnissen** durch die unbedingte Orientierung am Lernstand des Kindes und die positive Beziehung zum Lerntherapeuten wird es kaum gelingen, dass der Schüler neuen Mut zur Auseinandersetzung mit mathematischen Fragen fasst. Es besteht dann die Gefahr, dass eine erfolglos durchgeführte Nachhilfe den Schüler in seinem Glauben bestärkt, einfach zu doof für Mathematik zu sein und dass ihm darum auch nichts und niemand helfen könne. Auftretende Sekundärsymptome, die das Verhalten oder die Persönlichkeitsentwicklung betreffen, können sich verfestigen, je länger gezielte Förderung durch schulische Rechenförderstunden oder eine außerschulische Dyskalkulietherapie aufgeschoben wird.

Kinder und Jugendliche mit einer ausgeprägten Rechenschwäche brauchen **viel Ermutigung**, um sich überhaupt wieder mit dem Rechnen zu befassen. Eines der Hauptprobleme liegt für diese Schüler nämlich darin, dass sie oftmals schon seit langem den

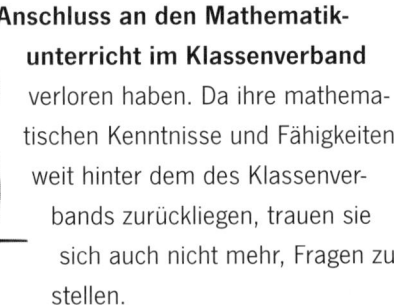

Anschluss an den Mathematikunterricht im Klassenverband verloren haben. Da ihre mathematischen Kenntnisse und Fähigkeiten weit hinter dem des Klassenverbands zurückliegen, trauen sie sich auch nicht mehr, Fragen zu stellen.

Die Zuwendung, differenzierte Ansprache und individuelle Förderung, die ein Kind in einer solchen Situation braucht, sind vom Lehrer in der Gruppe und parallel zum Stoff des Mathematikunterrichts zunächst nicht zu leisten. In einer Lerntherapie jedoch können sowohl eventuell bestehende Wahrnehmungsschwächen als auch die Probleme beim Rechnen differenziert betrachtet und angegangen werden. Das Kind wird so nach geraumer Zeit wieder an den Mathematikunterricht herangeführt.

Es gibt unterschiedliche Ansätze der **Therapie bei Rechenschwäche,** z.B. basierend auf dem (Kieler) Zahlenhaus (vgl. S. 74) oder dem Rechnen mit Cuisenaire-Stäben. Wir sind der Meinung, dass es **nicht sinnvoll** ist, Kindern, die ohnehin Probleme beim Verstehen mathematischer Zusammenhänge haben, verschiedenste unterschiedliche Rechenwege zu zeigen. Wenn parallel zum didaktischen System der Schule im Rahmen der Lerntherapie ein gänzlich neues System eingeführt wird, erzeugt dies bei den betroffenen Kindern eher Verwirrung als die dringend benötigte Klarheit. Dies macht es den Kindern schwerer, ihre Fortschritte auch im Unterricht zu zeigen. Das ist jedoch genau die Motivation, die Kinder zur Mitarbeit in einer Lerntherapie bewegt. Wir vertreten in unserem integrativen Ansatz die Ansicht, dass in der Lerntherapie möglichst der Rechenweg der Schule verdeutlicht werden sollte. Selbstverständlich kann dieser durch weitere Materialien und Spiele sinnvoll ergänzt werden.

Die **Grundpfeiler einer „Integrativen Lerntherapie"** sind:

- ▶ die Einbeziehung der schulischen Rechenlernmethode,
- ▶ die Arbeit in den verschiedenen Wahrnehmungsbereichen,
- ▶ Kooperation mit Eltern und Lehrern und
- ▶ das Herstellen einer guten Beziehung zwischen dem Schüler und dem Lerntherapeuten. Über die gute Beziehung zum Therapeuten lernt das Kind neu, Erfolge und Fortschritte zu erkennen und als eigene Leistung anzunehmen. Zudem erlebt es einen Rahmen, in dem es ohne Angst Fragen stellen kann.

Ein wichtiger, methodischer Baustein im Förderprozess ist auch das **laute Sprechen.** Dabei verbalisiert das Kind alle Rechenschritte laut. Der Therapeut erkennt so genau, wo der Schüler einen Fehler macht und eventuell auch, auf welchem Denkweg der Fehler beruht. Er kann dementsprechend sofort korrigierend einschreiten. Auch hierauf wird sich ein Kind oder ein Jugendlicher nur einlassen, wenn die Korrekturen des Therapeuten als hilfreich und frei von Angriffen auf die Person erlebt werden.

> Drei plus fünf ...

> **!**
>
> Das laute bzw. leise Mitsprechen beim Rechnen kann auch im Schulunterricht gezielt eingesetzt werden. Es hilft der Lehrkraft und dem Schüler zu erkennen, wo Denkfehler liegen und wo korrigierend eingegriffen werden muss. Das laute Sprechen kann sicherlich nicht ständig von allen Schülern angewandt werden, ist aber gerade für rechenschwache Kinder von immensem Nutzen. Zunächst sind sie oft gar nicht in der Lage sprachlich auszudrücken, was beim Rechnen in ihrem Kopf vor sich geht. Der Prozess des Formulierens klärt aber den gesamten Rechenvorgang für den Schüler und Lehrer. Trauen Sie sich ruhig dieses methodische Mittel gezielt in Ihrer Klasse einzusetzen.

Im **Verlauf einer integrativen Lerntherapie** lernt der Lerntherapeut zunächst in einem ausführlichen Gespräch mit den Eltern die Situation des Kindes und seine Vorgeschichte kennen. Er erhält bereits in diesem Gespräch Hinweise auf seinen Lernstand. Die folgenden Stunden gliedern sich dann – grob skizziert – folgendermaßen:

1. Die erste Viertelstunde dient dem Aufwärmen (so genanntes „Warming-Up"). Das Kind macht Übungen in einem der Wahrnehmungsbereiche, die bei ihm zu fördern sind. Auch Entspannungseinheiten sind hier unter Umständen sinnvoll.

2. An den Einstieg schließt sich die so genannte „Maintime" an. Hier wird konkret am Rechenstoff gearbeitet. Zu Beginn der Maintime wird überprüft, ob das Lernergebnis der vorangegangenen Stunde noch gesichert ist, um dann einen weiteren Rechenschritt zu gehen. Häufig ist es gerade zu Beginn einer Lerntherapie wichtig, streng darauf zu achten, dass pro Stunde nur mit einer Rechenoperation gearbeitet wird.

3. Die letzte Viertelstunde darf das Kind selbst gestalten. Dafür stehen ihm zahlreiche Spiele, Bewegungsangebote oder Bastelmaterialien zur Verfügung. Einige Spiele sind besonders geeignet, in Bezug auf das Rechnen zu fördern. Dieses Kriterium ist jedoch keine Bedingung für die Spielauswahl.

Es ist für den **Erfolg einer Therapie** ausgesprochen wichtig, dass sowohl der Anfang als auch das Ende der Stunde von dem Kind als angenehm erlebt werden. So wird das Rechnen wieder mit positiven Gefühlen besetzt. Dies trägt wesentlich zum Lernerfolg bei. Auch ist es wichtig, in der Therapie eine Atmosphäre zu schaffen, in der das Kind von seinen Erlebnissen im Mathematikunterricht berichten kann.

Hat sich der Lerntherapeut einen angemessenen Überblick über den Lernstand des Kindes verschafft, finden erste Lehrergespräche statt. Hier wird das weitere inhaltliche Vorgehen abgesprochen.

Sind die grundlegenden Rechenfähigkeiten im Rahmen der Lerntherapie ausgebildet und der Selbstwert des Kindes wieder aufgebaut worden, ist es ausgesprochen sinnvoll, mit dem Kind in einer Kleingruppe zu arbeiten. Dies erleichtert dem Kind den Schritt, sein neu erworbenes Können in einer Gruppe von Gleichaltrigen – also auch der Klasse – zu zeigen.

Rechtliche Bestimmungen

Erweist sich die schulische Förderung als nicht ausreichend, sollte eine außerschulische Förderung in Betracht gezogen werden.

Nach § 35a des Sozialgesetzbuches (SGB) VIII (= Kinder- und Jugendhilfegesetz, KJHG) kann für eine außerschulische Förderung die Finanzierung aus Jugendhilfemitteln beantragt werden. Dafür sind ein psychologisches Gutachten sowie ein Schulbericht notwendig, der die bisherige Förderung dokumentiert.

Das **psychologische Gutachten** besteht aus einem Intelligenz- und einem Dyskalkulietest (z.B. ZAREKI, vgl. S. 77). In dem Gutachten muss außerdem Stellung dazu genommen werden, ob der Schüler von seelischer Behinderung betroffen oder bedroht ist und ob eine Beeinträchtigung seiner „Teilhabe am Leben in der Gesellschaft nach fachlicher Erkenntnis mit hoher Wahrscheinlichkeit zu erwarten ist"[8]. Nur in einem solchen Falle kann eine öffentliche Finanzierung vom Jugendamt gewährt werden.

Ob ein Kind von **seelischer Behinderung** bedroht oder betroffen ist, muss festgestellt werden durch:

- ▶ einen Arzt oder psychologischen Psychotherapeuten mit besonderer Erfahrung in diesem Bereich,
- ▶ einen Kinder- und Jugendlichenpsychotherapeuten oder
- ▶ einen Arzt für Kinder- und Jugendpsychiatrie und -psychotherapie.

Neben Aussagen über den Entwicklungsstand müssen hier auch Aussagen darüber gemacht werden, „ob die Funktionsbeeinträchtigung des Kindes oder Jugendlichen dessen Teilhabe an einem adäquaten Leben in der Gesellschaft einschränkt" und darum seine psychosoziale Integration und Entwicklung gefährdet ist[9].

Abschließend werden diese Aspekte vom Mitarbeiter der Jugendhilfe beurteilt. Dazu wird in Kooperation mit den Eltern ein Hilfeplan erarbeitet. Die **Gewährungspraxis** ist von Jugendamt zu Jugendamt sehr unterschiedlich, sodass kaum allgemein gültige Aussagen getroffen werden können. Derzeit besteht unserer Einschätzung nach die Tendenz, die Gewährung von Eingliederungshilfen für Kinder und Jugendliche, die aufgrund von Lernschwächen von seelischer Behinderung betroffen oder bedroht sind, eher restriktiv zu handhaben.

---

[8] *neue Fassung des § 35a, Absatz 1 des Kinder- und Jugendhilfegesetzes (KJHG)*
[9] *vgl. www.sgbviii.de/S81.html*

Am 08. Juli 2005 erklärte das Bundesministerium für Familie, Senioren, Frauen und Jugend (BMFSFJ) anlässlich der Verabschiedung des „Gesetzes zur Weiterentwicklung der Kinder- und Jugendhilfe (KICK)", dass die **Kosten für Lese- und Rechenschwäche** nicht mehr auf den „Buckel der Jugendhilfe" geladen werden sollen und Schule hier Verantwortung trage[10]. An anderer Stelle hieß es, dass es Ziel sei, die fachliche und wirtschaftliche Steuerungskompetenz des Jugendamtes unter anderen dadurch zu verbessern, dass bei der „Eingliederungshilfe für seelisch behinderte Kinder" striktere Leistungsvoraussetzungen gelten werden[11].

Nach der Verabschiedung des KICK wurde der § 35a des KJHGs um den oben zitierten Satz bezüglich der „hohen Wahrscheinlichkeit einer beeinträchtigten Teilhabe am Leben in der Gesellschaft" erweitert (s.o.). Zudem wurde gesetzlich festgelegt, wer zu einer Stellungnahme berechtigt ist (s. S. 90). Ausdrücklich wurde auch festgeschrieben, dass die Stellungnahme sich an den Kriterien des ICD-10 (s. S. 19) orientieren muss und darzulegen ist, ob die Abweichung Krankheitswert hat oder auf einer Krankheit beruht.

Unserer Erfahrung in Wiesbaden und Umgebung nach war dieses **Vorgehen für die Gewährung von außerschulischer Förderung** bei Kindern und Jugendlichen, die aufgrund einer Lernschwäche von seelischer Behinderung bedroht sind, nie wesentlich anders. Auch in der Vergangenheit musste wie oben beschrieben ein psychologisches Gutachten erstellt werden. In der Regel wurden dabei die neu festgeschriebenen Richtlinien bereits beachtet.
Neben dem psychologischen Gutachten zur seelischen Behinderung musste dem Jugendamt immer auch eine mindestens einjährige, schulische Förderung nachgewiesen werden. Diese konnten z.B. Förderunterricht oder Maßnahmen der Binnendifferenzierung im Klassenverband sein. Die Äußerungen des Ministeriums zeichnen in der Öffentlichkeit jedoch das populistisch anmutende Bild eines Missbrauches von Seiten der Hilfesuchenden und mangelnder Verantwortungsübernahme durch die Schule.

---

[10] vgl. www.bmfsfj.de/Kategorien/Presse/pressemitteilungen, did=31154.html (Von den Autorinnen wurden zwecks besserer Lesbarkeit grammatikalische Korrekturen vorgenommen. Der Inhalt wurde dabei nicht verändert.)
[11] www.bmfsfj.de/RedaktionBMFSFJ/Pressestelle/Pdf-Anlagen/ rede-jugendhilfe-juni-im-bundestag,property=pdf.pdf

– Wo ist das Problem?

Da die **Schule** den Auftrag hat, allen Kindern und Jugendlichen die grundlegenden Kulturtechniken zu vermitteln, wäre es sicher wünschenswert, dass sie
die **Verantwortung für die Förderung** von Schülern mit Teilleistungsschwächen in ausreichendem Maße übernimmt. Es ist jedoch ausgesprochen frag-
würdig, ob der Schule hierzu insgesamt die notwendigen Ressourcen zur
Verfügung gestellt werden.

Tatsächlich wird die Verantwortung für den Lernerfolg von Kindern, die isolierte
Lernschwierigkeiten zeigen, wohl eher an die **Eltern** abgegeben werden. Para-
dox dass gerade sie als pädagogische Laien abfangen sollen, was selbst für
Lehrer eine Herausforderung ist.

> Erkundigen Sie sich beim für die Familie zuständigen Jugendamt
> nach dessen konkreten Anforderungen für die Gewährung einer
> Hilfe nach § 35a, bevor Sie die Eltern beraten.

Elterngespräche als Beitrag zur positiven Unterstützung des Kindes

Gehe nie aus einem Gespräch, ohne dem anderen
die Gelegenheit zu geben, mit Dankbarkeit
an dieses Gespräch zurückzudenken.

Adolf Freiherr von Knigge (1752–1796), deutscher Jurist, Beamter und Schriftsteller

Grundsätzliche Einflussgrößen der Kommunikation

Ein ganz wichtiger Bestandteil der Arbeit mit rechenschwachen Kindern ist das Elterngespräch. Elterngespräche können viel zur positiven Entwicklung des Kindes beitragen. Unserer Erfahrung nach kann nicht genug betont werden, wie wichtig Elterngespräche für die erfolgreiche Arbeit mit rechenschwachen Schülern sind. Nur in sinnvoller Kooperation mit den Erziehungsberechtigten gelingt es auf Dauer, für den Schüler eine positive Lernsituation zu schaffen. Dabei steht jedes Kind mit seiner gesamten Persönlichkeit und den individuellen Voraussetzungen seiner Familie im Mittelpunkt der Förderplanung.

Bei Elterngesprächen gilt es, wichtige Aspekte zu beachten.

Der bekannte Kommunikationswissenschaftler Paul Watzlawick (*1921) hat für die **Kommunikation** eine sehr treffende Metapher gefunden. Er vergleicht sie mit einem Eisberg: Bei einem **Eisberg** liegen 85 % der Masse unter der Wasseroberfläche. Nur 15 % schauen heraus. Bei der Anwendung des Eisbergmodells auf die Kommunikation entsprechen diese 15 % dem Anteil der Sachinformationen.

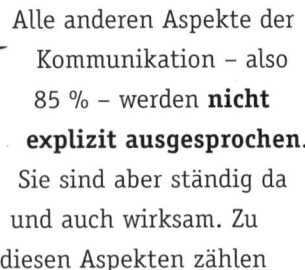

Alle anderen Aspekte der Kommunikation – also 85 % – werden **nicht explizit ausgesprochen**. Sie sind aber ständig da und auch wirksam. Zu diesen Aspekten zählen emotionale Befindlichkeiten, Vorwissen, Erwartungen an das Gespräch, Erwartungen an die andere Person, Erwartungen an sich selbst und vieles mehr.

Wer um diese, nicht in Worte gefassten, Anteile weiß, dem wird deutlich, dass er sich auf ein Gespräch mit den Eltern gut vorbereiten muss. Dazu möchten wir im Folgenden einige Hinweise und Tipps geben.

➡ Das gesellschaftlich geprägte Verhältnis von Schule und Eltern

Im Vergleich zu den 50er Jahren hat sich das Verhältnis zwischen Schule und Eltern aufgrund vielfältiger gesellschaftlicher Entwicklungen verändert. Früher galt die vorherrschende Meinung, dass der Lehrer bei schulischen Belangen Recht hatte. Heute ist es leider so, dass viele Eltern meinen, die Lehrer lehrten falsch; Lehrer hingegen meinen nicht selten, die Eltern sollten sich doch endlich mal um ihre Kinder kümmern. Diese gegenseitige Missachtung ist keine gute Grundvoraussetzung für eine Kommunikation und schon gar nicht für ein Erfolg versprechendes, zielgerichtetes Gespräch zwischen Lehrer und Eltern.

➡ Persönliche Vorerfahrung der Eltern

Zunächst einmal sollten Sie sich vor einem Elterngespräch verdeutlichen, dass alle Eltern einmal Schüler waren und dementsprechend unterschiedlichste Erfahrungen mit „der Schule" gemacht haben. Eltern sind in ihrer Schullaufbahn den verschiedensten Lehrern begegnet und auf der Grundlage dieser Begegnungen haben sie sich mit der Zeit eine Meinung darüber gebildet, was von Lehrern zu halten sei.

Neben ihren Ideen und Alltagstheorien von Schule, Unterricht und Lehrern haben Eltern auch **Gefühle**, die mit Schule zusammenhängen. Sie können von Unsicherheit oder Angst geprägt sein. Diese Gefühle sind in der Regel nicht reflektiert und werden darum auch nicht gezielt angesprochen. Dennoch bilden sie sozusa-

gen den Hintergrund, vor dem ein Erwachsener ein Lehrergespräch führt.
Auch der **Schulabschluss der Eltern** nimmt indirekt Einfluss auf das Gespräch. Es leuchtet sicherlich ein, dass sich Eltern mit einem Hochschulabschluss dem Lehrer gegenüber eher gleichwertig fühlen, als Eltern, die einen Sonderschulabschluss haben.

Eigene Erfahrungen und gewonnene Einstellungen wirken natürlich auch in Bezug auf das **Fach Mathematik**, sodass Eltern auf unterschiedliche Weisen angesprochen werden müssen:

- ▶ Bei Eltern, die selbst **keine Probleme in Mathematik** hatten, ist es wahrscheinlich, dass es ihnen schwer fällt, die Probleme des Kindes zu verstehen. Solchen Eltern muss deutlich gemacht werden, dass das Kind für seine Entwicklung Zeit braucht und daher von ihnen viel Geduld und Verständnis benötigt. Hier können ziemlich direkte und konkrete Hinweise gegeben werden, wie die Eltern ihr Kind in Mathematik unterstützen können.

- ▶ Eltern, die selbst **Probleme in Mathematik** hatten, sind zwar gleichermaßen hilflos, haben aber oft tiefes Verständnis für die Situation ihres Kindes. Hier ist es notwendig, zu vermitteln, dass Mathematik durchaus zu bewältigen ist und im Rahmen konstruktiver Zusammenarbeit eine sinnvolle Förderung für das Kind entwickelt werden kann.

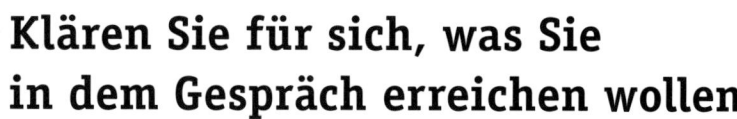

Klären Sie für sich, was Sie in dem Gespräch erreichen wollen

Neben diesen Einflussgrößen, die von Ihnen nicht beeinflussbar sind, stellt sich die Frage, was Sie als Lehrkraft tun können, um den Rahmen eines Gespräches günstig zu gestalten. Schließlich soll es zu einer gelingenden Zusammenarbeit beitragen.

➡ Die Gesprächsatmosphäre („Setting")

Zunächst einmal sollten Sie den Platz des Elterngespräches sorgfältig wählen. Am günstigsten ist eine gemütliche Gesprächsecke. Oftmals steht ein solcher Raum für Gespräche leider nicht zur Verfügung.

> Mit einer Kerze in der Weihnachtszeit, einem duftenden Tee oder auch ein paar Gummibärchen unterstreichen Sie eine gute Atmosphäre.

Wenn das Elterngespräch also im Klassenraum stattfinden muss, sollten Sie es tunlichst unterlassen, die Eltern auf einen Schülerplatz zu setzen und sich selbst ans Lehrerpult. Schließlich suchen Sie einen **gleichwertigen Gesprächspartner,** einen Experten für das Kind, der Sie selbst unterstützt. Bringen Sie einen Erwachsenen jedoch durch eine unreflektiert gewählte Sitzordnung wieder in die Position des Schülers, dürfen Sie sich nicht wundern, wenn Sie sich mit dem Verhalten auseinandersetzen müssen, das die Eltern selbst als Schüler gezeigt haben.

➡ Der Gesprächsbeginn

Wenn Sie nun auf gleicher Höhe mit den Eltern sitzen, können Sie das Gespräch beginnen. Unterschätzen Sie dabei nicht die Bedeutung von einigen netten Sätzen – auch „Joining" genannt – zum Einstieg in das Gespräch. Sie können sich zum Beispiel nach dem Weg zur Schule erkundigen oder über das Wetter sprechen. Noch besser ist es, etwas Nettes zu erzählen. Nutzen Sie dabei Informationen, die Ihnen das Kind mitgeteilt hat, wie z.B.: *„Ich habe gehört, dass Sie eine neue Katze haben."* Durch diese, scheinbar belanglose, Unterhaltung entspannen Sie den Gesprächsbeginn deutlich. Im Anschluss daran sollten Sie am besten **etwas Positives** über das Kind sagen. Damit stimmen Sie die Eltern Ihnen gegenüber wohlwollend und zeigen gleichzeitig, dass Ihnen, obwohl ein Problemgespräch folgen wird, beim Kind nicht nur Negatives auffällt. Noch bevor Sie in das eigentliche Gesprächsthema einsteigen, haben Sie damit viel für einen positiven Gesprächsverlauf getan.

▣ Das Hauptthema

Nun können Sie zum Hauptthema kommen. Auch bei diesem Teil des Gesprächs sollten Sie sich möglichst an den **positiven Ressourcen** des Kindes orientieren. Sagen Sie nicht nur, was noch nicht gut läuft, sondern sprechen Sie auch solche Dinge an, die gut funktionieren. So schlagen Sie zwei Fliegen mit einer Klappe: Zum einen geben Sie konkrete Hinweise, wie die Eltern ihr Kind zu Hause unterstützen können, zum anderen vermitteln Sie die Zuversicht, dass das mathematische Problem in den Griff zu bekommen ist. Sie sollten es auf keinen Fall versäumen, die Eltern nach ihren Ideen zu fragen.

Sie werden erstaunt sein, wie viele gute Ideen die meisten Eltern haben.

▣ Absprachen treffen

Nachdem Sie möglichst viele Informationen und Ideen gesammelt haben, sollten Sie mit den Eltern klare Absprachen treffen. Es ist Ihre Aufgabe als Mathematiklehrer, den Eltern **ganz klare Hinweise** zu geben, wie sie ihr Kind beim Lernen unterstützen können. Das können z.B. bestimmte Übungen sein, konkrete Hinweise für den Umgang mit den Hausaufgaben, die Empfehlung einer außerschulischen Förderung oder der Hinweis, das Kind eine Zeit lang zu Hause in Ruhe zu lassen. Eine Anregung für solche Hinweise finden Sie im Kapitel „Tipps für Eltern" auf S. 100.

In unserer außerschulischen Förderung fällt immer wieder auf, dass Eltern insbesondere auf **zwei Aspekte** hingewiesen werden müssen:

- ▶ Zum einen halten wir es für äußerst wichtig, dass die Eltern **das Rechnen genau so erklären, wie es in der Schule gelehrt wird.** Bitten Sie die Eltern darum und geben Sie ihnen die notwendigen Informationen für die Umsetzung.

- ▶ Der zweite wichtige Punkt betrifft die **Hausaufgaben**. Sie sollten es nicht versäumen, hier klare Absprachen mit den Eltern zu treffen.

Die **Kontrolle der Hausaufgaben** ist für Sie eine wichtige Gelegenheit, die Fortschritte des Kindes festzustellen und auch zu loben. Damit das Kind die Hausaufgaben in einer dem Alter angemessenen Zeit erledigen kann und übermäßige Stresssituationen zu Hause vermieden werden, müssen gegebenenfalls Differenzierungen nach Umfang und Inhalt der Hausaufgaben vorgenommen werden. Die Lehrkraft ist dabei auf eine offene Rückmeldung von Seiten der Eltern angewiesen. Es ist insbesondere darauf zu achten, dass der Schüler die gestellten Hausaufgaben auch tatsächlich alleine und in einer bestimmten Zeiteinheit lösen kann. Wenn der Schüler seine Hausaufgaben nicht schaffen kann, sollte dies dem Lehrer mitgeteilt werden, da er ansonsten den Fortschritt des Kindes nicht adäquat loben kann.

Klären Sie mit den Eltern, wie sie die vereinbarten Ziele und Vorgehensweisen gemeinsam kontrollieren können, z.B. durch einen weiteren Termin oder einen Austausch in schriftlicher Form.

→ Das Gespräch beenden

Am Ende des Gespräches dürfen Sie auf keinen Fall vergessen, sich bei den Eltern für das Gespräch zu bedanken. Drücken Sie Ihre Zuversicht über die weitere Entwicklung des Kindes aus und wünschen Sie den Eltern einen guten Heimweg. Sie werden feststellen, dass solche **ressourcenorientierten Gespräche** die Atmosphäre zwischen Ihnen und den Eltern deutlich verbessern. Zudem tragen Sie durch den positiven Kontakt zu den Eltern wesentlich zu Lernfortschritten des Kindes bei. Kinder spüren auch ohne Worte, wenn Erwachsene sich gegenseitig unterstützen und sind dann meist bereit, ihren eigenen, positiven Betrag zu leisten.

⟹ Tipps für Eltern

Zum Abschluss möchten wir Ihnen noch ein paar Anregungen aufzeigen, welche Tipps Sie Eltern mit auf den Weg geben können. Sie können dadurch den Wunsch der Eltern nutzen, ihr Kind zu unterstützen, ohne die Eltern zu Nachhilfe- oder Förderlehrern zu machen und sie damit eventuell zu überfordern. Die Tipps beziehen sich vor allem darauf, Situationen zu nutzen, in denen **Mathematik im Alltag** stattfindet:

▶ Das **Aktionsfeld Küche** bietet viele Möglichkeiten, Mathematik im Alltag zu nutzen und mit Mengen umzugehen: *„Wie viele Tassen und wie viele Teller sind in der Spülmaschine?"* Beim Decken des Tisches kann gezählt und addiert werden und beim gemeinsamen Kochen oder Backen können Kinder den Umgang mit Einheiten, Mengen und Zeit lernen.

▶ Durch die aktive Einbeziehung der Kinder in das **Einkaufen** können sie Erfahrungen im Umgang mit Geld machen. Sie üben Beträge zu addieren oder zu schätzen, Geld abzuzählen und überlegen, ob sie das richtige Wechselgeld zurückbekommen. Wenn der Erwachsene die Angebote laut rechnend vergleicht, erfährt das Kind, wozu Ergänzungsaufgaben sinnvoll

sind. Wenn das Kind beauftragt wird, sich einige Teile der Einkaufsliste zu merken, kann dies zur Gedächtnisschulung beitragen. Bei der Vorbereitung von Festen müssen Mengen von Essen und Trinken kalkuliert werden.

○ Selbst beim **Fahrrad- oder Autofahren** können mathematische Zusammenhänge thematisiert werden. Es bieten sich insbesondere Fragen zu Längen oder Zeiten an.

○ Wenn Eltern die **sportlichen Aktivitäten** ihrer Kinder fördern, unterstützen sie damit immer auch die Schulung der Wahrnehmungsverarbeitung beim Kind. Es erfährt am eigenen Körper die Zusammenhänge der Raumlage und teilweise auch der Geometrie. Auch beim **Basteln**, z.B. von Schmuck, finden sich viele Gelegenheiten, Mengen abzuzählen. Zusätzlich werden Feinmotorik und Konzentration gefördert. Daneben bieten auch viele **Spiele**, insbesondere Würfelspiele, motivierende Rechensituationen.

Bei all diesen Situationen kommt es darauf an, dass der Erwachsene eine mathematische Sprache benutzt, um dem Kind den Zusammenhang offen zu legen. Fachbegriffe gehen dann mit der Zeit leichter in den mathematischen Wortschatz des Kindes über.

Abschließend sei sowohl auf die Adressen der Fachverbände als auch auf die Literaturtipps hingewiesen, die im Anhang aufgeführt sind. Hier können sich auch interessierte Eltern weiter informieren.

Anhang

Ministerielle Vorgaben (Kapitel 4, S. 67)

→ Baden-Württemberg (www.bw.schule.de)

In Baden-Württemberg gibt es keine spezielle Verwaltungsvorschrift zum Umgang mit dem Förderbedarf rechenschwacher Schüler. Es wird jedoch auf die Verwaltungsvorschrift „Kinder und Jugendliche mit Behinderungen und besonderem Förderbedarf" vom 8.03.1999 verwiesen[11]. Es ist deshalb davon auszugehen, dass – nach Maßgabe des Kultusministeriums Baden-Württemberg – das Vorliegen einer Rechenschwäche einen besonderen Förderbedarf impliziert. Vorgeschrieben sind in diesem Fall eine differenzierte, interaktive Diagnostik des Lernstandes und des Lernumfeldes, die Erstellung eines Profils des individuellen Förderbedarfs, gezielte Fördermaßnahmen sowie Förderdiagnostik. Es wird empfohlen, auf der Grundlage von Arbeitsergebnissen des Kindes eine Fehleranalyse durchzuführen und außerdem Instrumente der informellen Diagnostik (anhand vorgegebener Aufgabensammlungen) oder standardisierte Tests hinzuzuziehen. Weiterhin wird festgestellt, dass die Aufarbeitung unangemessener Denkstrategien meist nur im Rahmen einer Einzelförderung geschehen kann. Sollten die Fördermaßnahmen der Schule nicht ausreichen, sind weitere schulische und außerschulische Einrichtungen einzubeziehen.

→ Bayern (www.schule.bayern.de)

2001 schreibt Rainer Dürre in einer Übersicht zu den Erlassen der Bundesländer[12], dass es in Bayern verstärkt Diskussionen darum gebe, wie Lehrer Schüler mit besonderen Schwierigkeiten beim Rechnen unterstützen können. Bei Klassenarbeiten bestehe im Gegensatz zu den Zeugnissen die Möglichkeit, die Note auszusetzen. Eine offizielle Dienstanweisung gibt es dazu jedoch nicht. Auch auf den Homepages des Kultusministeriums und des Bildungsservers Bayern wird nicht auf die Rechenschwäche eingegangen.

---

[12] www.schule-bw.de/schularten/grundschule/eltern/3rechenschw/schul_handeln.html

[13] Dürre, Rainer, Rechenschwäche: Das Trainingsprogramm, Herderverlag, 2001

→ Berlin (www.bebis.de)

Für Berlin gelten seit dem 19.1.2005 die „Verordnung über den Bildungsgang der Grundschule (Grundschulverordnung, GsVO)" und die „Verordnung über die Schularten und Bildungsgänge der Sekundarstufe I (Sek I-VO)". In § 16 bzw. § 14 wird die besondere Förderung bei Lese- und Rechtschreibschwierigkeiten geregelt. §18 bzw. §16 regelt Fördermaßnahmen bei einer festgestellten Hochbegabung. Ein entsprechender Paragraf für die Förderung bei Rechenschwäche existiert nicht. Auch ein Integrationsstatus nach der „Verordnung über die sonderpädagogische Förderung (SopädVO)" wird Kindern mit einer Rechenschwäche nicht zuerkannt. Im Berliner Senat hatte es durchaus Diskussionen darüber gegeben, ob die Rechenschwäche als Leistungsstörung anzuerkennen sei. Man sah sich jedoch nicht in der Lage, dies zu entscheiden und argumentierte, dass die Rechenschwäche von anderen Bundesländern und der Kultusministerkonferenz nicht akzeptiert sei[13]. Scheinbar ist die Organisation von Förderung für Berliner Kinder mit Rechenschwäche eher an mangelnder Lobby denn an mangelndem Bedarf gescheitert.

→ Brandenburg (www.bildung-brandenburg.de)

In der Verordnung des Bundeslandes Brandenburg wird der Förderbedarf für rechenschwache Kinder klar dokumentiert. Die „Verordnung über den Bildungsgang Grundschule (GV)" vom 2.8.2001 enthält die relevanten Regelungen in den §§ 6 (Fördern und Fördermaßnahmen) und 7 (Teilleistungsstörungen). Danach sind Binnendifferenzierung im Unterricht oder zeitlich begrenzt auch Förderunterricht anzubieten, um den unterschiedlichen Lernvoraussetzungen der Schüler gerecht zu werden. Bei zusätzlichem Förderunterricht sind Förderpläne anzufertigen, in denen Lernausgangslage, Inhalt und Umfang des Förderbedarfs, der individuell erreichte Entwicklungsstand und die Ergebnisse der Förderung festzuhalten sind. Bis zur Jahrgangsstufe 4 kann die Klassenkonferenz darüber entscheiden, ob die Benotung im Fach Mathematik durch eine schriftliche Information zur Lernentwicklung ersetzt werden soll (§ 10, Absatz 8).

---

[14] vgl. Berliner Abgeordnetenhaus, Plenarprotokoll 15/57, S. 4724

→ Bremen (www.schule.bremen.de)

In Bremen wurde 1997 in den „Richtlinien über Förderung in der Grundschule" und den zugehörigen Orientierungshilfen festgeschrieben, dass in der Grundschule grundsätzlich jedes Kind entsprechend seinen Lernvoraussetzungen zu fördern sei. Weder LRS noch Rechenschwäche werden explizit erwähnt. Lernschwierigkeiten werden insgesamt als multifaktoriell bedingt beurteilt. Bei der Analyse von Lernproblemen sind darum der Lern- und Entwicklungsstand des Kindes, seine emotionale Verfassung, seine familiäre Situation, seine Verhaltensmuster beim Lernvorgang, die Anforderung der Lernaufgaben sowie die Unterrichtsbedingungen zu berücksichtigen. Die bevorzugte Förderorganisation wird in binnendifferenzierten Unterrichtsangeboten gesehen. Es können jedoch auch zusätzliche Fördermaßnahmen (Förderstunden, Teilungsstunden) organisiert werden. Über die Leistungsbeurteilung bei einem Schüler mit besonderen Lernschwierigkeiten berät die Klassenkonferenz. Dabei kann eine vergleichende Leistungsbeurteilung durch eine schriftliche Beurteilung der Lernentwicklung in dem geförderten Bereich ersetzt werden.

→ Hamburg (http://lbs.hh.schule.de)

Im Stadtstaat Hamburg gibt es unserem Kenntnisstand nach keinen Erlass zur Rechenschwäche.

→ Hessen (http://portal.bildung.hessen.de)

Für Hessen existiert ein Entwurf für einen „Erlass zum Nachteilsausgleich für Schülerinnen und Schüler mit Funktionsbeeinträchtigungen, mit besonderen Schwierigkeiten beim Lesen, Schreiben oder Rechnen sowie mit Behinderungen". Außerdem gibt es einen Entwurf für eine „Verordnung über die Förderung von Schülerinnen und Schülern mit besonderen Schwierigkeiten beim Lesen, Rechtschreiben und Rechnen (VOLRR)". Stand der Entwürfe ist jeweils der 29.7.2005. Zur Drucklegung des vorliegenden Buches sind beide Entwürfe entgegen der vorgesehenen Terminvorstellung noch nicht in Kraft getreten.

Zuständig für die Diagnose besonderer Rechenschwierigkeiten ist die Schule. Betroffene Schüler haben einen Anspruch auf angemessene schulische Förderung. Wie diese gestaltet wird, halten die Schulen in schulbezogenen Förderkonzepten fest. Der Erlass sieht verschiedene Fördermaßnahmen vor. Lernausgangslage, Fördermaßnahmen und die Entwicklung des Schülers sind in individuellen Förderplänen festzuhalten. Zeitlich befristet kann Unterricht in besonderen Lerngruppen erteilt werden. Nachteilsausgleich kann beispielsweise über eine Verlängerung der Arbeitszeit, die Bereitstellung technischer oder didaktischer Arbeitsmittel (z.B. Einmaleinstabelle, spezifisch gestaltete Arbeitsblätter) oder durch differenzierte Aufgabenstellungen gewährt werden. Ebenfalls kann zeitlich begrenzt auf die Benotung in allen betroffenen Unterrichtsgebieten verzichtet werden. Dies gilt während der Förderphase bei Klassenarbeiten, die schlechter als ausreichend sind. Für die Aussetzung der Notengebung kann ein pädagogischer Ermessensspielraum genutzt werden. Auch im Zeugnis können auf Beschluss der Klassenkonferenz die Rechenkenntnisse unberücksichtigt bleiben. Schüler mit Schwierigkeiten beim Lesen und Rechtschreiben sind bis zum Ende der Mittelstufe förderungswürdig.

Für Kinder mit Rechenschwierigkeiten sind der Nachteilsausgleich bzw. besondere Regelungen für die Leitungsbewertung und Zeugniserstellung jedoch nur während der Grundschulzeit anwendbar.

⬛ Mecklenburg-Vorpommern (www.bildung-mv.de)

In Mecklenburg-Vorpommern wird der Begriff „LimB (Lernbeeinträchtigung im mathematischen Bereich)" als offizielle Bezeichnung für den Phänomenbereich Rechenschwäche verwendet. Im November 2000 ergänzte das zuständige Ministerium den seit 1996 bestehenden LRS-Erlass durch Hinweise und Anmerkungen, die auch LimB berücksichtigen. Diagnose, Förderung und Lehrerfortbildung sind hier geregelt. Allerdings befanden sich die neuen Regelungen bis zum Schuljahresende 2004 noch in einer Erprobungsphase. Nach Abschluss der Erprobungsphase sollte über die Machbarkeit der schulischen Förderung in diesem Lernbereich weiter entschieden werden. Ergebnisse dieser Auswertung sind uns zum gegenwärtigen Zeitpunkt jedoch noch nicht bekannt.

Die Diagnose LimB orientiert sich an der Klassifikation des ICD-10 der Weltgesundheitsorganisation (vgl. S. 19) und ist eng an die Feststellung der allgemeinen Intelligenz beim betroffenen Schüler gebunden. In einem Intelligenztest (in der Regel CFT20 oder CFT1), der von Schulpsychologen oder speziell ausgebildeten Lehrkräften durchgeführt wird, muss der Schuler einen Prozentwert von mindestens 90 erreichen. Gestellt werden darf die Diagnose nur von Lehrkräften, die ein spezielles Zertifikat erworben haben. In schwierigen Fällen können der schulpsychologische Dienst und/ oder entsprechend spezialisierte Dienste hinzugezogen werden.

Schüler mit Lernbeeinträchtigungen im mathematischen Bereich können anhand individuell erstellter Förderpläne in Form von Binnendifferenzierungen oder – in massiven Fällen – auch in Kleingruppen oder einzeln gefördert werden. Die speziell zertifizierte Fachkraft leitet aus dem förderdiagnostischen Prozess Empfehlungen ab, die unter Umständen dem staatlichen Schulamt zur Entscheidung vorgelegt werden. Zum Verständnis der Problematik und zum Ausbau der Förder- und Binnendifferenzierungskompetenz möglichst vieler Lehrer sind in Mecklenburg-Vorpommern spezielle Fortbildungen vorgesehen. Die Leistungsbeurteilung im Fach Mathematik für Schüler mit einer diagnostizierten LimB wurde so geregelt, dass Notenschutz nur in besonders begründeten Fällen über einen begrenzten Zeitraum und ausschließlich in den diagnostizierten Teilbereichen der Grundrechenarten gewährt wird. Einen generellen Notenschutz für das Fach Mathematik gibt es nicht.

⊟ Niedersachsen (http://nibis.ni.schule.de)

In Niedersachsen gibt es derzeit noch keinen Erlass, der den besonderen Förderbedarf von Kindern mit Rechenschwäche regelt. Seit April 2005 wird jedoch der Entwurf für einen „Erlass zur Förderung von Schülerinnen und Schülern mit besonderen Schwierigkeiten im Lesen, Rechtschreiben oder Rechnen"[15] diskutiert, der den bestehenden LRS-Erlass ablösen soll. Generell muss die individuelle Lernentwicklung (Lernausgangslage, Ziele, Maßnahmen, Einschätzung des Fördererfolges) bei allen Kindern in Niedersachsen dokumentiert werden. Wie diese Dokumentation im Einzelnen aussehen soll, ist derzeit jedoch noch nicht genau geklärt[16]. Werden durch diese Beobachtung besondere Schwierigkeiten im Rechnen festgestellt, sollen nach dem Entwurf normierte Tests, außerschulische Gutachten oder Unterstützung durch Schulpsychologen, Beratungslehrkräfte oder Mobile Dienste der Förderschulen einbezogen werden. Es ist vorgesehen, dass die Klassenkonferenz auf der Grundlage der Lehrerbeobachtungen über Notwendigkeit, Art und Umfang der Förderung entscheidet. Besondere Fördermaßnahmen bei erheblichen Schwierigkeiten im Rechnen werden ausdrücklich als sinnvoll erachtet, wenn in den ersten beiden Schuljahren die Voraussetzungen für den Erwerb

[15] *VORIS 22410*

[16] *vgl. Stellungnahme der GEW Niedersachsen:* *www.gew-nds.de/meldungen/fragen_offen.php*

der Grundrechenarten noch fehlen. Für die Schuljahre 3 und 4 werden Fördermaßnahmen als notwendig angesehen, wenn die Leistungen im Rechnen über einen Zeitraum von mindestens drei Monaten nicht den Anforderungen entsprechen. Entsprechendes gilt auch, wenn die besonderen Schwierigkeiten in den Schuljahrgängen 5 bis 10 noch nicht behoben werden konnten. Als Fördermaßnahmen werden Vorkurse zur Entwicklung des Zahlenbegriffs und Förderprogramme auf handlungsorientierter Basis empfohlen. Die Förderung soll klassenintern oder bei besonders schweren Problemlagen auch in klassen-, jahrgangs- und schulübergreifenden Maßnahmen erfolgen und muss fortlaufend auf ihre Wirksamkeit hin überprüft werden. Laut Erlass haben Hilfen im Sinne des Nachteilsausgleiches (u.a. Ausweitung der Arbeitszeit, didaktische und technische Hilfsmittel, dem Lernstand angepasste Aufgabenstellung) Vorrang gegenüber Abweichungen von den allgemeinen Grundsätzen der Leistungsfeststellung und -bewertung. In begründeten Ausnahmefällen soll die Klassenkonferenz jedoch auch ein Abweichen von den Maßstäben der Leistungsbewertung beschließen können. Für den Bereich der Rechenschwierigkeiten ist dies jedoch nur für die Primarstufe möglich.

▶ Nordrhein-Westfalen (www.learn-line.nrw.de)

In Nordrhein-Westfalen gibt es unserem Kenntnisstand nach keinen Erlass, der die Rechenschwäche berücksichtigt.

▶ Rheinland-Pfalz (http://bildung-rp.de)

In Rheinland-Pfalz fällt die Förderung für Kinder mit Rechenschwäche unter die Verwaltungsvorschrift zur „Förderung von Kindern mit Lernschwierigkeiten und Lernstörungen in der Grundschule vom 30.8.1993". Die Förderung von Kindern mit Schwierigkeiten in einzelnen Lernfeldern kann in Klassen, Gruppen oder einzeln organisiert sein und muss förderdiagnostisch begleitet werden. Zuständig für die Förderung ist der Klassenlehrer in Abstimmung mit allen an der Förderung Beteiligten. Die Förderung soll in der Regel durch differenzierte Angebote im Klassenverband realisiert werden. Für Fördergruppen ist eine Größe von vier bis acht Kindern festgelegt. Konnten die Lernschwierigkeiten nicht innerhalb der Grundschulzeit ausgeglichen werden, können die Maßnahmen in der Sekundarstufe I insbesondere in der Orientierungsstufe fortgesetzt werden. Der Zusammenarbeit mit den Eltern wird dabei großer Stellenwert beigemessen. Sie sollen regelmäßig über die erzielten Lernfortschritte ihres Kindes

informiert werden. Stimmen die Eltern zu, kann die Benotung durch eine verbale Be-
schreibung ersetzt werden. Diese berücksichtigt die Zielvorgaben der Fördermaßnahmen, das Lernverhalten des Kindes und das Informationsbedürfnis der Eltern. Gleiches
gilt für den Notenschutz in Zeugnissen. Zur Förderung von Kindern, die aufgrund einer
Rechenschwäche von seelischer Behinderung betroffen oder bedroht sind, haben das
Kultusministerium und das Ministerium für Bildung, Wissenschaft und Weiterbildung
am 12.1.1999 eine gemeinsame Bekanntmachung veröffentlicht[17]. Darin sind die Aufgaben von Schule und Jugendhilfe explizit aufgeführt und der Prozess der Hilfeplanung
beschrieben.

◰ Saarland (www.bildungsserver.saarland.de)

Im Saarland gibt es keinen verabschiedeten Erlass, der die Rechenschwäche ausdrücklich mit einbezieht. Es gibt jedoch Hinweise darauf, dass die „Richtlinien zur Förderung
von Schülerinnen und Schülern mit besonderen Schwierigkeiten beim Erlernen des
Lesens und Rechtschreibens" vom 18.12.1997 analog angewendet werden sollen[18].

◰ Sachsen (www.sn.schule.de)

In Sachsen wurde im Juli 2004 die Neufassung des Schulgesetzes für den Freistaat
Sachsen verabschiedet. In § 35a wurde festgehalten, dass den individuellen Lern- und
Entwicklungsvoraussetzungen der Schüler im Unterricht, insbesondere den Teilleistungsschwächen, Rechnung zu tragen ist. In den Schulordnungen vom 4.8.2004 für
die Grundschule (SOGS), Mittelschulen Abschlussprüfung (SOMIAP) und Gymnasium
(SOGY), wird dies aufgegriffen und bestimmt, dass für Schüler mit festgestellter
Teilleistungsschwäche neben der Förderung im Unterricht auch spezielle Fördermaßnahmen angeboten werden können. Die Teilleistungsschwäche kann von einem qualifi-
zierten Lehrer oder einem Schulpsychologen festgestellt werden. Auch bei der Leistungsbewertung sind die Teilleistungsschwächen zu berücksichtigen – in Gymnasien
allerdings nur in der Sekundarstufe I. Die SOMIAP setzt außerdem fest, dass der Prü-
fungsausschuss bei Prüfungen über die Art und Weise der Durchführung entscheiden
soll sowie darüber, ob Hilfsmittel zugelassen werden. Eine Verwaltungsvorschrift für
die Förderung bei Rechenschwäche analog zur LRS-Förderung[19] gibt es jedoch nicht.

---

[17] *Arbeitshilfe für die Kooperation von Schule und Jugendhilfe –*
Fördermaßnahmen bei Lese-, Rechtschreib- und Rechen-
schwäche – 1543 B-51 279/31 (1)
[18] *www.kindheit-heute.de/resi.htm*
[19] *AZ.: 34-6504.20/174/7*

⮞ Sachsen-Anhalt (www.bildung-lsa.de)

Für Sachsen-Anhalt liegt uns derzeit keine Verordnung vor, in der die Förderung von Schülern mit Rechenschwäche berücksichtigt wird.

⮞ Schleswig-Holstein (www.lernnetz-sh.de)

Für Schleswig-Holstein liegt ebenfalls kein Erlass vor, der sich ausdrücklich auf Rechenschwäche bezieht. Diese kann jedoch im Rahmen des Erlasses „Lernpläne an allgemeinbildenden Schulen" vom 28.05.2003 Berücksichtigung finden. Danach ist – insbesondere für Schüler mit Lernproblemen – ein Lernplan als Instrument der Lernprozess begleitenden Beobachtung, pädagogischen Reflexion und individuellen Förderung zu erstellen. Dieser soll Lernziele, Fördermöglichkeiten, -notwendigkeiten und -erfolge dokumentieren. Dabei werden die Bereiche fachliches Lernen, Lern- und Sozialverhalten, Sprache und Denken, Motorik und Wahrnehmung sowie gegebenenfalls weitere Bereiche einbezogen. Die Klassenkonferenz entscheidet, ob ein Schüler einen Lernplan erhält. Für dessen Fortschreibung ist der Klassenlehrer zuständig. Die Eltern erhalten eine Kopie und werden ebenso wie das Kind verpflichtet, einen Beitrag zur Umsetzung des Planes zu leisten.

⮞ Thüringen (www.thueringen.de/de/tkm/content.asp)

In der Richtlinie zu „Fördermaßnahmen für Kinder und Jugendliche mit besonderen Lernschwierigkeiten in den allgemeinbildenden Schulen (außer Förderschule) in Thüringen" vom 30.6.1998 wird anerkannt, dass auch Probleme beim Rechnen in einzelnen Fällen ohne besondere Förderung vom Kind nicht bewältigt werden können. Der Erlass spricht hier von besonderen Lernschwierigkeiten.

Auftretenden Schwierigkeiten soll zunächst durch verstärkte Differenzierung im Klassenverband begegnet werden. Unter Umständen können eine weitere Lehrkraft oder ein Erzieher bzw. die Mobilen Sonderpädagogischen Dienste einbezogen werden. Ab der zweiten Klasse kann eine zweite Ergänzungsstunde für die Fördermaßnahmen verwendet werden, die in Kooperation zwischen Klassenlehrer, Beratungslehrer und den Eltern festgelegt werden. Bestehen die besonderen Lernschwierigkeiten noch über das zweite Schuljahr hinaus, wird vom Mobilen Sonderpädagogischen Dienst ein Gutachten erstellt. Auf dessen Grundlage wird in Kooperation aller an der Förderung des Kindes Beteiligten ein verbindlicher Förderplan erstellt, der auch Aussagen zur Leistungsfeststellung und -bewertung sowie zur voraussichtlichen Dauer und Form der Fördermaßnahmen macht. Der Förderplan wird einmal jährlich fortgeschrieben. Neben der Binnendifferenzierung können bis zu zwei Pflichtstunden herangezogen werden, die in der Regel von einem besonders fortgebildeten Lehrer erteilt werden. In der weiterführenden Schule können die Fördermaßnahmen fortgesetzt oder auch erstmals eingerichtet werden, wenn die besonderen Lernschwierigkeiten erst hier an Bedeutung gewinnen. Die Leistungserhebung und -feststellung in Bereichen, in denen an Fördermaßnahmen teilgenommen wurde, bezieht die individuellen Lernfortschritte mit ein und beachtet die Lehrplanvorgaben. Auch Kinder und Jugendliche mit besonderen Lernschwierigkeiten müssen Leistungsnachweise erbringen. Diese richten sich in Art, Zahl, Umfang, Schwierigkeitsgrad und Gewichtung nach den Erfordernissen der jeweiligen Schulart, Klassenstufe und den im Förderplan getroffenen Festlegungen. Von der Leistungsbewertung in Form von Noten kann nach Genehmigung durch das Staatliche Schulamt zeitweilig abgesehen werden, wenn sie die Entwicklung von Leistungsfortschritten behindert. Der Lernfortschritt ist dann verbal zu beschreiben. Dies kann auch für das Zeugnis – ausgenommen Abschluss- und Abgangszeugnis – gelten.

Literatur

▶ Überblick

Schwarz, Margret: **Rechenschwäche? Wie Eltern helfen können.** Urania, Ravensburger 2001. ISBN 3-332-01239-8

Wejda, Simone: **Rechenschwäche – der Kampf mit den Zahlen.** Cornelsen Eltern-Sprechstunde. Cornelsen Scriptor 2004. ISBN 3-589-22036-8

▶ Wissenschaftlich vertiefende Literatur

Berliner Abgeordnetenhaus: Plenarprotokoll der Sitzung vom 23.9.2004 (15/57) www.parlament-berlin.de:8080/ starweb/adis/citat/VT/15/PlenarPr/ p15-057-wp.pdf

Dahaene, Stanislas: **Der Zahlensinn oder Warum wir rechnen können.** Berlin. Birkhäuser Verlag 1999. ISBN 3-7643-5960-9

Fegert, Jörg M.; Buchmann, J. in: **Psychiatrie und Psychotherapie des Kindes- und Jugendalters** (Hrsg.: Eggers, Christian; Fegert, Jörg M.; Resch, Franz). Springer 2004. ISBN 3-540-42916-6

Grissemann, Hans: **Dyskalkulie heute – Sonderpädagogische Integration auf dem Prüfstand.** Verlag Hans Huber 1997. ISBN 3-456-82742-3

Hitzler, Wilhelm; Keller, Gustav: **Rechenschwäche – Formen, Ursachen, Förderung.** Auer 1999. ISBN 3-403-02617-5

Krajewski, Kristin: **Vorhersage von Rechenschwäche in der Grundschule.** Hamburg. Verlag Dr. Kovač 2003. ISBN 3-8300-1073-7

▶ Diagnose

Hasselhorn, M.; Marx, H.; Schneider, W. (Hrsg.): **DEMAT 1+, 2+, 3+, 4.** Deutsche Schultests BeltzHogrefe Verlag. www.testzentrale.de

Hasselhorn, M.; Marx, H.; Schneider, W. (Hrsg.): **HRT 1–4.** Deutsche Schultests Beltz. Hogrefe Verlag. www.testzentrale.de

Leutenbauer, Helmut: **Leichtsinnsfehler oder Rechenschwäche.** Care-Line 2002. ISBN 3-932849-67-1

Moog, Wolfgang; Schulz, Andreas: **Zahlen begreifen.** Beltz 2005. ISBN 3-407-62530-8

von Aster, Michael: **ZAREKI.** Frankfurt a.M. Swets Test Services 2002. Hogrefe Verlag. www.testzentrale.de

⇥ Praktische Arbeitsansätze

Dürre, Rainer: Rechenschwäche: **Das Trainingsprogramm.** Herder 2001. ISBN 3-451-05187-7

Ebhard, Agnes: **Fröhliche Wege aus der Dyskalkulie.** Verlag modernes Lernen 2005. ISBN 3-8080-0508-4

Ganser, Bernd: **Rechenstörungen.** Auer 2001. ISBN 3-403-02716-3

Milz, Ingeborg: **Rechenschwäche erkennen und behandeln – Teilleistungsstörungen.** Verlag modernes Lernen 2004. ISBN 3-86145-272-3

Röhrig, Rolf: **Mathematik mangelhaft.** Rowohlt 1996. ISBN 3-499-19725-1

Schlotmann, Angelika: **Warum Kinder an Mathe scheitern.** Supperverlag 2004. ISBN 3-00-014667-9

⇥ Vergnügliches

Beutelspacher, Albrecht: **Christian und die Zahlenkünstler.** Beck 2005. ISBN 3-406-52708-6

Beutelspacher, Albrecht: **Pasta all'infinito, meine italienische Reise in die Mathematik.** DTV 2001. ISBN 3-423-33069-4

Drösser, Christoph: **Wie groß ist unendlich?** Rowohlt 2005. ISBN 3-499-21311-7

Enzensberger, Hans Magnus: **Der Zahlenteufel.** DTV 1999. ISBN 3-423-62015-3

Spiele

Die folgenden Spiele haben sich bei der Förderung rechenschwacher Kinder bewährt. Natürlich stellen sie nur eine begrenzte Auswahl dar. Selbst wenn Spiele nicht direkt in den Unterricht eingebunden werden können, so ist es doch gut, einige zu kennen, um sie als Empfehlungen an Rat suchende Eltern weitergeben zu können.

⇥ Spiele für die Grundschule

Domino (Der Klassiker wird von vielen Verlagen angeboten und findet sich auch in einigen Spielesammlungen)

Ravensburger: **Elfer raus!** EAN 4005556271610

Amigo Spiel + Freizeit: **Halli Galli.** EAN 4007396017007

Bartl: **Klappenspiel.** www.bartlgmbh.de

Amigo Spiel + Freizeit: **6 nimmt.** (Eignet sich auch für die weiterführende Schule.) EAN 4007396049107

→ Spiele für weiterführende Schulen

Amigo Spiel + Freizeit: **Lobo 77.**
EAN: 4007396039108

Spectra-Verlag: **Rechenroulett.**
www.spectra-verlag.de

Noris: **Rummy.**
EAN: 4000826044079

 Links

http://freidok.ub.uni-freiburg.de/ freidok/volltexte/2004/1397/pdf/ gerster.pdf
Bericht über das Forschungsprojekt „Rechenschwäche – Erkennen, Beheben, Vorbeugen", das die Schwierigkeiten rechenschwacher Kinder beim Erlernen des Rechnens sowie Möglichkeiten zur Erkennung und Behebung aufzeigt.

www.rechenschwaecheinstitut -volxheim.de/zdm.html
Artikel zu den Widersprüchlichkeiten der bisherigen Dyskalkulie-Forschungen mit neuen Perspektiven zur Beurteilung von Rechenschwäche.

www.mpg.de/bilderBerichteDokumente/ multimedial/mpForschung/2005/ heft01/1_05MPF_32_37.pdf
Untersuchung des Max-Planck-Instituts für Bildungsforschung zum Erlernen

mathematischer Konzepte, mit Anregungen für die Praxis.

www.studienbibliothek.at/pdf_file/ 10.pdf
Diplomarbeit zum Thema Dyskalkulie und Verbesserung der Grundfertigkeiten im Rechnen bei Berufsschülern.

 Adressen

Arbeitsgruppe Pädagogische Lernförderung e.V.
Sabine Zajicek
Schiersteiner Str. 62
65187 Wiesbaden
www.apl-wiesbaden.de

Bundesverband Legasthenie und Dyskalkulie e.V. (BVL)
Postfach 11 07
30011 Hannover
www.bvl-dyskalkulie.de

Fachverband für Integrative Lerntherapie e.V. (FIL)
Magdalenenstraße 36
49080 Osnabrück
www.lerntherapie-fil.de

Initiative zur Förderung rechenschwacher Kinder e.V. (IFRK)
Höhenstr. 20
75239 Eisingen
www.ifrk-ev.de